理想の国へ

歴史の転換期をめぐって

大澤真幸
社会学者

平野啓一郎
小説家

769
中公新書ラクレ

目次

露わにした日本の凋落／監視社会化にどう対応していくか／死という運命を受け入れた先へ

第四章 破局を免れるために

環境・コモン・格差

コモン化は可能なのか／未来の人々との連帯は可能か？／出版文化におけるコモンの働き／人間の欲望をどう評価する／コモン的な「分人」の可能性／資本主義が内包する未来という観念／絶望から始めよう／「カッコいい」という美意識／憲法九条をめぐって／日本に最も欠けているもの

構成／小山　晃
本文ＤＴＰ／今井明子

まえがき

　この対談を通じて、平野啓一郎さんと私がやっていることは、渦中で考える、ということである。何の渦中か？　破局への予感を秘めた転換の渦中ということだ。人新世の破滅的な気候変動の予兆のような新型コロナウイルスのパンデミック、第三次世界大戦につながり得るロシアとウクライナの戦争、日本社会の極端な凋落……。一般に、「できごと」の本質は何かということは、それがすべて終わってからでないとわからない。しかし、その「できごと」がトータルな破局につながり得る事象であるときには、終わってから考えたのでは遅い。どうしても渦中で考えなくてはならない。

　考えに考え抜くことが、今ほど必要なときはない。しばしば、「考えてばかりいないで、さっさと行動せよ」と言われてきた。行動の前に考えてばかりいる人は、批判され、嘲笑の的になってきた。しかし、今は逆のことを言うべきである。あわてて行動する前に、よくよく考えよ。

なぜ、まずは考えなくてはならないのか。私たちが直面しているのが、一つの問題ではないからだ。絡み合ういくつもの問題がある。問題が一つだけであれば、私たちは、なんとかそれを処理することができるだろう。しかし、同じくらい深刻な問題がいくつもあるときには、そうはいかない。一つの問題の解決は、他の問題の解決を意味しない。それどころか、一つの問題を解決することが、他の問題の解決を阻害することもある。あるいは、一つの問題に対して注意を差し向けることが、他の問題を見えなくすることもある。私たちは一つの問題だけに集中するわけにはいかない。

私たちは、とても複雑な連立方程式を前にしているのだ。私たちはすべての変数の相互連関を視野に入れて、十分に考えなくてはならない。複数の問題に同時に対処し、すべてを克服できる方法を考えぬかなくてはならない。早計な行動は、状況を悪化させるだけだからだ。

だから、私たちは対談した。

振り返ってみると、平野さんとは、切迫感のあるできごとが起こるたびに、対談し、互いの意見を交換し合ってきた。平野さんと初めて対談したのは、平野さんが『決壊』という小説を書いたときだったが、対談のその当日に、まさに秋葉原通り魔事件が起きた。平野さんが小説に書いている終末観をただよわせた犯罪と、現実に起きている無差別殺人事件が重なり合って感じられ、平野さんの予言者のような慧眼に驚いた。

初めての対談のときのこの「偶然」が暗示しているように、そして平野さんの読者はよく知っているように、平野さんは、まさに起こりつつある社会の変容や問題に実に敏感に反応しながら小説を書いてこられた。また分人主義をはじめとして、生き方や世界観に関して、まことに鮮やかでアクチュアルな提案もされてきた。「渦中」で一緒に考えてもらえるパートナーとして、私にとって、平野さんほどふさわしい相手はいない。本書に収録した対談の直接のコンテクストになっていることは、コロナ禍、天皇の代替わり、三島由紀夫事件（五〇周年）、ウクライナ戦争……等である。

私たちの対談を通じて、読者もまた一緒に考えてくれたとしたら、それこそ、私たちの本望である。

現在の状況の中で、平野さんと私との思いをまるで見抜いていたかのように、その都度、対談を設定してくださった中央公論新社の胡逸高さんと黒田剛史さんに、心から感謝している。また、対談を読みやすいものに整えてくださった、ライターの小山晃さんにもお礼を申し上げたい。

二〇二二年六月七日

大澤真幸

理想の国へ

歴史の転換期をめぐって

第一章

人類史レヴェルの移行期の中で

大澤氏と平野氏はしばしば対談を重ねてきた。それは秋葉原通り魔事件（二〇〇八年）、東日本大震災（二〇一一年）など、時代の画期となるタイミングで行われたものだ。

本書の元となった対談は、平成の天皇（現・上皇）が退位を宣言した後の二〇一九年一月、コロナ禍中の二〇二〇年八月、二〇二一年三月、ならびにロシアのウクライナ侵攻が進む二〇二二年四月に行われた。本書はこの四回の対談をもとに改稿を施し、日本の新たなアイデンティティを模索するものである。

人類的な課題に直面する中で

大澤　二〇一九年一二月に中国の武漢市で第一例目の感染者が報告されてから、新型コロナウイルス感染症（COVID－19／以下：コロナ）の世界的な流行（パンデミック）が起こりました。それ以来、我々はさまざまな問題に曝《さら》され続けているわけですが、人類は今、大きな転換期を迎えているとも考えられます。

平野　コロナ自体が人類にとってとても大きな、新しい問題であるのは確かですが、それ以前から存在していたり、有耶無耶《うやむや》にされてきたりした問題が、コロナの広がりによってより顕在化したという感覚を持っています。そうした問題をいよいよ無視していくことができない現実が今あります。

大澤　現状や問題を考える上で、少し長い期間で物事を捉えていきましょう。多くの人が長いスパンでこれから人類がどうなっていくかに興味を抱いているからだと思いますが、近年、人類史の本がベストセラーになっています。

平野　イスラエルの歴史学者であるユヴァル・ノア・ハラリ(1)の『サピエンス全史』（河出書房新社、二〇一六年）や『ホモ・デウス』（同、二〇一八年）、少し前だとアメリカの生理学者のジャレド・ダイアモンド(2)の『銃・病原菌・鉄』（草思社、二〇〇〇年。草思社文庫版、二〇一二年）などの本が、日本に限らず、世界的にもよく読まれています。

大澤　『サピエンス全史』もそうですが、とりわけ『ホモ・デウス』におけるハラリの議論の中には、未来予測的な内容もあります。たとえば、表題になっている「ホモ・デウス」というのは、生命科学の発展によって可能になりつつある遺伝子への工学的な介入によって、生物としてヴァージョン・アップした人間のことです。ヒューマニズムが徹底されると、逆にトランス・ヒューマニズムのようなものへと移行して、人間自体に格差ができるといった指摘がなされています。

まず、トランス・ヒューマニズムは、科学技術によって人間の進化をめざす思想とでも言えばいいでしょうかね。どういうことかと言うと、「私のDNAはヴァージョン・アップしていて、すごい記憶力を有している」なんて人間が生まれ得る。さらに「私は記憶力だけじゃなくて、計算能力がAI（人工知能）並みだ」と、その状況が加速していく可能性もあります。ただ、そのための手術の費用は一回一億円です（笑）、なんて話になる可能性を、ハラリは指摘しています。

人口の〇・〇〇〇一％の限られた人間がそんな存在となり、彼らからすると、普通の人間がネアンデルタール人のように見える状態になり得る。その実現可能性や是非は措いておくとして、生命科学やＡＩなどによって、世界と人間そのものの定義が変わってしまう。そんな未来が想定されています。繰り返しますが、実現するかどうかはわかりません。しかし今、そうした未来が予見されていて、その上、ハラリの本が軒並みベストセラーになるといった状況があります。しかもハラリの言っていることは、極端に荒唐無稽なことというわけではなく、少なくとも技術的には十分に実現可能な範囲のことだとも言えます。こうした現実をふまえて、人間の精神や思考とはなんなのか、また、日本や世界のこの先について考えていきたいです。

平野　現状を見ていると、どうしても悲観的な話になりそうな予感ばかりします……。

大澤　どうしたらその現状を変えていけるかですよね。そこで、まず一〇〇年くらいのスパンで社会や歴史を捉えつつ、現在がどのような時代であるかを考えてみましょう。転換期と言いましたが、それは民主主義であったり、資本主義という近現代の社会の中で大きな役割を担ってきたシステムが揺さぶられるような出来事が多々発生しているからです。細かい事象に関しては、後々議論していくこととして、転換期という考えの中で、たとえば「成長の限界」といった議論もあります。ここで言う「成長」とは経済成長のことですが、簡単に「成長の限界」と言うけれど、考えてみると、成長をやめるのは相当の覚悟がいることです。

平野　成長とは果たして何かという問題もあります。環境問題を考える上で、地球規模での危機が叫ばれる今、成長とは何なのか。経済的な成長をどういう指標ではかるべきかも、これから議論や変化が必要かもしれません。また成長、あるいは成熟と言ったときに、社会的な成熟とは何かを新たに考えざるを得ない状況になっています。

大澤　ただ、日本の現状は、基本的に世界に追随しているだけなんですよね。日本は今、経済成長が難しくなっている状態に置かれ続けています。ですが今後、世界を見渡しても、長い人類史的なスパンで考えてみれば、成長率は少なくとも下がっていくでしょう。確かに今もインドやアフリカ諸国など、伸びているところはあります。しかしグローバルなレヴェルで見ていくと、永遠に毎年三％ずつ成長していく状況はあり得ないです。

平野　特に今の指標のまま成長を捉えていれば、そうでしょうね。

大澤　経済が常に大きく成長しているモードでなくても、社会を営んでいけなければいけないというのが、今後の人類的課題です。また、少子化をはじめとした人口問題も大きな課題です。不幸なことに、我が国は世界各国に先駆けてその状況に見舞われています。一〇年以上前になりますが、二〇一三年に亡くなった、アメリカのロバート・N・ベラー[3]という社会学者が来日してシンポジウムが開催された際、話をしたんです。当時は、中国のGDPが日本のそれを抜いたことが騒がれていて、日本の沈滞が話題になっていました。しかしベラーは、なんでそんなことで落ち込んでいるんだといったニュアンスの話をしたのです。たとえば日本は、高齢化や人口減少の問題が大変な事態になっていると言っているけど、いずれ世界中の国で同じような問題を抱えることになるのだから、日本だけを襲った不幸ではないと。だから、むしろ率先して人類的な課題として取り組むべきだと指摘したのです。

それとほぼ同じことを、さらに極端に言っていたのが、フランスの人口学者のエマニュエル・トッド[4]です。トッドの本は、なぜか日本でものすごく売れます。ですから来日回数も多いのですが、彼がはじめて日本へ来たのは、一九九〇年代初頭でした。彼は、日本人が少子化について憂え、その状況をメディアもよく取り上げていたため、日本人が人口問題についてとても心配していると思い、当初は、驚き、感心していたそうです。フランスも少子化が進んでいて人口問題は懸念すべき状況だったのですが、政治家や知識人はほとんど関心を持っていませんでした。ところが日本人は心配している。なんて日本は意識の高い国なんだ、すごいと思っていたそうです。ですが、その後、彼は何度も来日する機会を持ったのだけれど、日本はずっと議論しかしていないと。

平野 まさに日本らしい話で（笑）、本当にそうですね。

大澤 トッドは、はじめ日本人の意識が高いと驚いたけれど、次にもっと彼を驚かせたのは、議論だけして何も実行しないことです。この才能はすごいと。我々は人類的な課題にぶつかっているという現状がある。それに対して、いつまでも手をこまねいているだけの国が日本です。しかし本来、不可避な課題に対して創造的に対応できる最初の国でもあるはずなんです。長い目で人類を見ていくと、これからの時代、必ず対応しなくてはならない課題に、この極東の国が、世界で最初に接している。ですから他の国が手を打ってからではなく、最初に自分たちが創造的に対応することで、自信を回復していくしかない。そういう考えを持っています。

「日本人として生きる意味」が問われる時代

平野 人口問題については、日本はすでに極めて深刻です。

僕は北九州の田舎育ちです。昔話ですが、大学受験というと、高校二年生くらいからようやく意識し始め、はじめて模擬試験を受けるというような感じでした。その結果出てきた偏差値と学校の「レヴェル」を見比べて、まあ、大体このへんの大学が妥当かなと選んで、勉強して受験するといった程度です。僕には子供がいますから、今の首都圏の初等教育の過熱ぶりを見ていると、怖いような感覚を持っています。親たちも結局、自分の子供に何を勉強させたらこれからよりよく生きていけるのかがわからない。あまりにも未来が不確定ですし、確定している少子化と気候変動は未経験の世界です。とりあえず英語を話せる能力は必要だろうと、多くの人が考えていて、それが英語教育熱へとつながっている。金銭的に余裕のある人たちの中には、ハワイで出産して、子供にアメリカ国籍を取らせる人たちも少し前まではいました。トランプ政権以後、観光ビザでの「出産旅行」には厳しくなりましたが。

富裕層の子供の中には、英語が話せて、留学した結果、生活の基盤を海外に置く人たちも増えるでしょう。すると日本に住む必然性がなくなってしまう。近年、日本では豪雨など夏の気象災害の深刻さが増しています。また、二〇一一年の三・一一、東日本大震災以降は、南海トラフ地震、あるいは東京直下型地震といった壊滅的な大災害が次に起こるかもしれないと懸念されてきました。しかし今、それ以前に温暖化のほうが、ボディブローのように社会に対する影響を強め始めています。

大澤　まさにコロナ前から地球規模の今後の課題として、対応が問題になり始めた温暖化の影響ですよね。コロナ禍も、温暖化を含む気候変動問題の一部だとする説が有力です。

平野　日本でも近年、梅雨期から晩秋にかけて豪雨災害が各地で頻発しており、その度に何十人もの方が亡くなっています。被害も甚大で、地域の復興には数ヵ月から年単位で時間もかかり、そのための費用も莫大です。そうした自然災害が頻発する時代がすでに始まっています。それによって国の体力は奪われ、生活する上でのリスクも高まってゆく。社会は当然ですが、経済のダメージも大きいですし、災害に対してどう対処するかと考えたとき、国内の移動だけでなく、日本に住まない選択をする人も増えかねません。特に経済的な余裕がある人や、語学が堪能な人たちは、その時期は日本に住まない、あるいは本格的な移住を選択するケースも増えるかもしれません。実際に三・一一の後、富裕層の中には、日本からシンガポールなどへ移り住んだ人たちが一定数いました。

大澤　確かに日本に住む意味が問われる状況が始まっていると言えます。

平野　また、アメリカのシリコンヴァレーの大金持ちであるピーター・ティール(5)などは、自分たち以外の人類が滅んでも最後まで美味しいものが食べられ、美味しい水があって、環境のいい土地を探した結果、ニュージーランドという結論に達したようです。彼らがニュージーランドの土地を買い、中国人の富裕層も買い占めに参入したため、地価が高騰した。その結果、ニュージーランドは二〇一八年、外国人が住宅地を買うことを法律で禁止しました。ただ、すでに買い占められた広大な土地があるので、地球が滅びても、そこに住む人たちだけは生き残るだろうといったブラック・ジョークが飛び交うようになっています。

インターネットの恩恵を受け、どこにいても仕事をはじめ生活が可能になってきている状況ですから、今後、富裕層は好きなところに住む傾向が強まるでしょう。低所得者層も中国に出稼ぎに行くことになるかもしれない。日本の場合、自然災害はもちろん、その影響を受けた経済活動の停滞、生活環境の悪化も予測されるわけですから、社会そのものをよくしていかないと、住み続けるには大変ですし、少子化の問題もある上に、国外へ出ていってしまう人たちも多くなるというのは二重苦です。

さらに日本へ来てくれる人たちが今後どれほどいるかと考えると、悲観的にならざるを得ません。現在の外国人技能実習生制度の状況を見ていても、大切に受けて入れている事例もあるのでしょうが、奴隷のように彼らをこき使う悲惨なケースが多々伝えられています。倫理に悖《もと》る欠陥制度で、即刻廃止すべきです。移民なのか、そうでないのか、どういう立場なのかもわからない、曖昧な形で労働力としてだけ受け入れる今のような方法をとり続け、受け入れても彼らに対して酷い扱いしかしないとすれば、果たしてどれだけ海外の人たちが日本へ来てくれるのでしょうか。おまけに賃金が安く、言葉の壁もあります。陰に陽に差別もある。今後、いろいろな人が日本で共存する上で、日本という国家をよくしていく思想を日本の社会が持たない限り、未来はよりいっそう暗いものになるでしょう。

大澤 イーロン・マスク(6)やジェフ・ベゾス(7)とかの大富豪が、この頃、巨万のお金を使って、短時間の宇宙旅行をしようとしているじゃありませんか。半分冗談のように聞こえるかもしれませんが、僕はあれに、地球に破滅的なことが生じたら宇宙に脱出しようという、半分は本人たちも十分には意識していない欲望のようなものを感じてしまいます。地球が破滅するとき、ニュージーランドにいても安全ではないので、宇宙にまで脱出しよう、というわけです。大富豪の短時間宇宙旅行について、夢のある楽しげな話のように報道されていますが、破局への識閾《しきいき》下《か》の予感のようなものが人類に分け持たれていて、それが大富豪たちの行動として現れているように僕には思えるのです。話を本筋に戻しましょう。少子化の中で日本という国がどうすれば人口を維持して、社会や経済を動かしていけるか。それにはどういう思想が必要かということですよね。

平野　ところが、相変わらず日本人とは、日本列島に長く住んでいる文化的に均質な人たちというイメージから抜けられない人が多い。それ以外の多様な人たちによって、日本が成り立ってきたことを認められない。また、新たに日本へ来る人たちはさまざまなバックボーンを持っていますから、そういう人たちと社会における共通認識をどう形づくっていくかも課題です。重要なのは、人を引き留める方法、人を引き寄せる方法を考えることではなく、結果として、人が日本に住みたいと思えるような社会であるのかどうかです。

その一つが歴史です。日本の戦争責任を考える上で、たとえば、在日の方をはじめとしたオールドカマー、また近年来日した日系ブラジル人やアジアの人たちと共有できる日本の先の戦争についての考えを一緒につくっていく必要があります。海外から来た人たちが日本国籍を取得して日本人として第二次世界大戦を振り返るときに、ある国家が他国を侵略した歴史に対して、自分はその時代は日本に住んではいないし、家族もいなかったけれど、日本人として、それは侵略であり、悪いことだったという認識を人類史的な視点から共有できる思想をつくっていかなければならない。それは、侵略された国から日本に移住してきて、侵略した国の国民となった場合でも、受け入れられる内容でなければならないでしょう。それができないと、日本という国が今後よくなっていくことはできない。

大澤　おっしゃる通りで、日本人は、誤った侵略戦争を遂行した過去の自分と、平和や民主主義を普遍的に妥当な価値として追求している（ことになっている）現在の自分との間の関係をわがものとして引き受けるのに失敗していると思う。この点については、すぐ後で議論したいと思っていたところですが、ともあれ現在、日本に住むことはもちろん、日本人であることも含めて、選べるか選べないかの問題が出てきています。特にエリートになれば、自由に選択できる状況が生まれるでしょう。平野さんが指摘されたように、日本に住まずとも生きていくことが可能なわけですから。

平野　日本にいる積極的な理由がない人は、出ていく可能性がありますし、先ほども言いましたが外国に出稼ぎにも行くでしょう。

大澤　すると、「自分はなぜ日本人として生きなければならないのか」、それが問題になってきます。法律上、仮に日本人としての国籍があったとしても、日本人であることにコミットしないでも、違う土地で生きられるような環境が生まれるわけですからね。だから「日本なんて地理的な単位としてだけ残ればいい」と言う人だって出てくるかもしれません。逆にそこまで開き直れれば別かもしれませんけれど。

これまでは、多くの人が、日本に生まれた以上、日本人であるしかない。だから、コミットする／しない以前の話でした。しかしこれからは、自分がなぜ日本人かを自ら問い、日本人であることに自覚的に帰属意識を持ちながら生きざるを得ない状況になります。

日本的価値観という難題

平野　自分が日本の何にコミットするのかという話ですね。

大澤　たとえばアメリカであれば、いい悪いは措くとして、アメリカ的価値観があるわけです。もちろん完全に共有されているかは別としても、ある程度は共有されていて、その理念は憲法に表現されていることに一応なっている。それに対して日本は今何もない。なしでもいいと言ってしまえば、それでもいいのですけれど、そうではないとすると、それを考えなくてはいけない。しかし、その日本固有の共通した価値観づくりに失敗し続けているのですよね。失敗の原因はたくさんあるのですが、重要な契機は、敗戦だったと考えています。敗戦後、あらためて日本人とは何かを考えなくてはいけなかった。しかし、占領下の日本にはそれができず、主権を回復したのちも何もせず、ここまで来てしまった。

平野　何もないならまだしも、不自然に日本が特殊で優れているといった認識までもが蔓延しています。さすがに多少、目が覚めてきていますが。

大澤　歴史的に考えると、とても難しい取り組みです。日本人は戦争に敗れて知ったわけです。日本が戦前に進んできた道は、トータルにかなりダメなものであったと、日本人は戦争に敗れて知ったわけです。戦争に負けたことがいけなかっただけではなく、そもそも義のない戦争を始めたこと、そうした戦争への歩みを止められなかった政治のシステム、それを肯定した価値観の根本的なところに何か誤りがあった。そのため戦後、憲法をはじめとする多くの制度や価値観を変更し、再出発した。いわば過去の自分をほぼ全否定して、再出発したわけです。しかしそのとき、全部ダメだったという過去に対する屈辱と、その後の新しい——いまや正しいと考えている——価値観を身につけている現在の自己との間の整合性をつけるのが難しかった。

たとえば、何か悪いことをした際には、相手に対して謝罪し、間違いましたと言わなければいけません。しかしあまり簡単に、ごめんなさい、間違えましたと言うヤツは、怪しいではないですか。そういうヤツは信用できない。その人は、今では間違っているとわかるその思想を正しいと信じていたかつての愚かな自己と現在の自己との間のつながりを引き受けていないからです。だから、まるで人ごとのように、過去の自分を捨てている。それでは、謝罪にも反省にもなっていない。

もちろん、間違い自体をいつまでも頑固に認めないヤツはもっとダメです。ところが日本人には、二種類しかいなかったのです。頑固に間違えていなかったと言いたい少数の人と、すごく簡単に、いや軽薄に謝罪したり、反省したりする人。大半の人は、簡単に謝罪しました。ただ、あまりにも簡単に謝罪した人は、新しい価値観の意味を苦闘の上で獲得したわけではなく、本当に理解した上で生きられていないのです。

平野　たとえば、文学の世界だと、大江健三郎[8]さんの世代の人たちにとって、学校の先生が昨日まで言っていたことと全然違うことを言い出した戦後の体験は強烈です。そんな状況に対する根深い不信感もある。一方で、では、反省しないのがいいのか。それも問題です。多くの人が反省するという中で、小林秀雄[9]が「僕は無智だから反省なぞしない。利巧な奴はたんと反省してみるがいいじゃないか」（「座談　コメディ・リテレール　小林秀雄を囲んで」『近代文学』昭和二一年二月）と発言したのは有名です。多くの人がこの部分だけを切り取って、「男に二言はない」といった話の例として引用します。しかし、小林秀雄の意図するところはまったく違っています。これは、一種の運命観の表出です。一人の人間の力なんて微力であり、どうしようもなかったと、小林は認識している。だから、そもそも反省などしようがないことだったのだ、という無責任な話です。

戦前を総括できなかった日本

大澤　若い人たちは知らないかもしれませんが、一九八三年に放送されたＮＨＫの連続テレビ小説『おしん』というドラマがあります。当時の平均視聴率は五〇％を超え、世界各国でも放送されて、特にアジア諸国では大変な人気を博しました。時代考証も割としっかりしています。

基本的にはリアリズムの物語ではあるのですが、脚本の橋田壽賀子をはじめとした制作者たちの無意識がつくらせたのではないかと思ったエピソードがあります。このエピソードは、基本的にはリアリズムにのっとったこの作品の中で、ほとんど唯一、リアリズムに反している。朝の連ドラですから、普通はリアリズムに反するときには、あまり「朝」の話題にふさわしくないという理由によるわけで、たとえば不倫とか殺人とかの話題は入りにくいわけですが、このエピソードは、朝の連ドラらしさからも遠く隔たっている。どうしてそんな不自然な話題が、この有名な連ドラに入ったか、ということが今の僕らの対談の主題に関係していますので、説明させてください。

おしんは山形の寒村で生まれ育ち、口減らしで奉公に出されますが、苦労を重ねて結婚します。結婚してもまた苦労するわけですが、伊勢で魚を売って成功し始めて、戦争中は軍隊に魚を卸す仕事ですごく羽振りがよくなっていきます。おしんは戦争には積極的には賛成していない。はっきりと反戦のために行動を起こすわけではありませんが——何しろ軍隊向けに魚を卸したり衣料をつくったりするくらいですから——、戦争に対してはかなり消極的です。しかし、夫のほうは日本の戦争を支持しています。その夫が、敗戦後、すぐに自殺してしまうのです。これが今、僕が問題にしたい部分です。

戦争に負けて、自殺した人は確かにいました。東條英機だって、GHQに逮捕されるというときに自殺未遂をしましたから。だから、戦争に負けたときに自殺する、というだけならば、朝の連ドラの話題としてはややきついけれども、リアリズムに著しく反するというほどではありません。問題は、自殺の理由です。敗戦後、自殺した人の理由は、たいてい、負けたこと自体が悔しいとか、陛下に申し訳ないとか、そういうことだと思います。しかし、おしんの夫の自殺の理由は全然違う。

彼は敗戦するやすぐに、戦争に加担し、日本の戦争を支持した自分の思想が間違っていたと悟り、そのことを理由に自殺しているのです。おしんの夫は、自分の息子たちにも、周囲の若者にも、戦争に行って国のために戦えと言っていたのに、それは間違いだった、というわけです。自分は国のためにと思い軍隊相手の商売をしていたけれど、それも間違いであった。そんな間違いを犯した自分を悔いて、自殺してしまったんです。

平野　実際にそういう人がいたのでしょうか。

大澤　僕はいなかったと思います。戦前の思想は間違っていたと思った日本人はたくさんいました。大半の日本人がそうだったと言ってよいくらいです。しかし、戦前に間違った思想に加担したことに対する罪の意識や恥の意識から自殺した人はほとんどいなかったと思う。問題は、どうして、このような非現実的なエピソードが、この連ドラに必要だったか、です。

一人の善人が極貧状態からのし上がり、ついに事業で成功して、それなりに豊かになる。それが、おしんの物語です。放送された八三年という時期の日本を考えると、バブル景気直前で経済発展を続けている時期です。そうした時代背景に鑑み、経済的な成功を遂げた主人公であるおしんは、日本の戦前から戦後の時代を象徴するような人物です。おしんは、絶対に善人でなくてはなりません。日本人は、彼女を鑑にして自分たちの近過去からの歴史を見たいと思っているわけですから。たとえば、戦中や戦後直後に、悪いことをたくさんして金持ちになった人もいたでしょうが、そういう人に、日本人の自己像を投影することはできません。

　ところが、話をつくるときに最大の問題は、戦中から戦後をどうつなげるかなんです。たとえば戦後から戦前を見て、善人という意味づけを与えようとすると、どうしてその人が戦争に協力したのか、辻褄が合わなくなってしまうのです。真の善人ならば、あるいは真に正しいことを知っている人なら、戦争中は反戦運動をして、もしかすると特高に捕まって拷問を受ける……ということになるはずですが、それでは全然、別の話になってしまう。明治生まれの主人公が、基本的には戦前・戦後を通じてほぼ一貫して上昇していく人生をあゆみ、最終的には経済的に豊かになった、という話をつくりたいわけですから。

平野　朝のドラマの主人公としては、後者でないと難しいでしょうね。

大澤　それでも、おしんには戦中から戦後を生き抜いてもらわなければいけなかった。ただ、上昇軌道を生き抜くには、戦争協力者である他はない。しかし、一人の善人が、戦争に協力したあと、戦後の民主主義の中で大きな障害もなく生きていくのもおかしい。それで、どうしたのか。夫が自殺したわけです。夫は、おしんの代わりに自殺したわけです。おしんは、戦争に反対するような善人なのに、戦争に協力したのは、夫に引っ張られたからだ、ということにしておく。すると、おしんの善人性と戦争協力をなんとか両立させることができます。

しかし、夫のほうは、戦争にすごく熱心に協力したわけですから、何事もなかったかのようにのうのうと戦後を生きるわけにはいかないので、自殺してもらった、というわけです。僕は、主人公の夫が自殺をするという、あまり朝の連ドラらしくないエピソードが入った理由を、このように捉えているんです。戦争に負けたあと、筋を通そうと考えれば、死ぬしかないような行為を日本はしてしまったわけです。しかし、多くの人は死なずにすませた。

平野　戦後、もともと戦争反対だったと言っている人も多くいます。侵略が間違っていると言うより、もっと現実的に、特にアメリカ相手に勝てるはずがないと。これは海軍にも陸軍にもいました。

大澤　ほとんどの人は、自分は反対だったとか、だまされたとか言ったわけです。映画監督の伊丹万作[10]は、戦争が終わって一年くらい経ってから書いたエッセイで、「今度の戦争でだまされていた」と言っている人にずいぶんたくさん会ったが、これほど多くの人がだまされたとなると、だましたほうもそうとうたくさんいたはずなのに、「おれがだました」と言っている人に会ったことがない、と書いています（伊丹万作「戦争責任者の問題」『映画春秋』一九四六年八月）。結局、「一億総懺悔」と言って、そのときにごまかしてしまった価値観は、未だに置き捨てられているんです。

戦後は、アメリカについていけば、冷戦体制の中で経済的に成長していられた。ですが今、冷戦も終結して三〇年以上経ち、日本は、どういう思想や価値観にコミットして、日本人であることにどんな意味があるのかと突き付けられている状態になっています。それにもかかわらず、「そんなものはない」と言っている。

平野さんが指摘したように、エリートは日本に固執しなくなり、貧乏な人だけが取り残され、地震や水害といった自然災害で大変な事態に遭い、どうにも身動きがとれないような状態になってしまうのか。それとも日本には意味があるという価値観を見出し、打ち出していけるような社会を形成していけるのか。その分かれ目に来ているということです。

「血の共同体」にしかすがれない日本

平野　驚いたことがあって、ここ数年、新宿区の成人式は、半分が外国人です。

大澤　すでにそんな状況なのですか。

平野　留学生が多いという事情もあるようですが、現実のほうが僕らの想像をはるかに超えている。だから今後、いろいろな国の人たちが日本に住んでもいいなと思える国をつくるためにも、この社会をよくしていこうという思想を持たないと、先細っていくだけでしょう。そのために日本の歴史を語り直すことは、抽象的な未来の話ではなく、彼らが日本人として生きていくためにも必要です。

歴史的に日本には中国や朝鮮半島はじめ、海外からたくさんの国の人が来ていて、その人たちの活躍によって成り立ってきた。文化的にも大きな影響を受け、外国人と日本人が共存することで日本が形づくられたという視点で日本史を説く必要があります。歴史教科書も、そうした視点の強調が不可欠です。もちろん、これまでも、「渡来人」のことも明治時代の「お雇い外国人」のことも歴史の授業で習っているはずですが、彼らの影響が日本の文化の本質的な部分に及んでいることが奇妙なまでに十分に理解されていない。そうした歴史を共有することで、海外から来た人たちとの共生に足場をつくっていかないといけません。

歴史的な接続点を形づくることに加えて、もう一つ重要なことは、現実に生きている日本社会から何らかの恩恵を受ける経験がないと、人はその社会を持続させていく気持ちには絶対にならないということです。

二〇〇八年の秋葉原の通り魔事件(11)が典型だと捉えています。今の日本社会に生きていても何もいいことがなく、金持ちや「勝ち組」と言われている人たちばかりがいい思いをしている。――こういう考え方が蔓延すると、なんで税金まで払ってこの世の中を維持しなくてはいけないのかという思いも広がっていきます。

秋葉原の事件は世界的に見ると、先駆け的な事件とも言えます。その後、欧米でローンウルフ型のテロが頻発しましたけど、そもそも過激な原理主義に魅了されてしまうのも、現実社会への失望という意味では共通したメンタリティです。この社会を支える意味を見出せない人たちが、世界と自分とを二つながらに破壊してしまう。

大澤　宗教の問題も一因としては挙げられるでしょうが、それ以上に、世界的な格差拡大が背景にあります。自分がコミュニティから見捨てられていると感じる人たちの増加、という問題です。

平野　ですから日本に来た外国人たちが、自分が成功したり、豊かになったり、ありがたいという思いを日本の社会に対して感じられれば、自分の子供たちのためにこの社会を持続させていこうという気持ちになるでしょう。しかし、日本社会が彼らを労働力として使うだけ使って、後は知らないといった態度をとるようでは、なんでこんな日本のために、日本をよくしていくための協力をしなくてはいけないのだと思うでしょう。

だから今、一方で正反対の強烈な排外主義的な歴史観がまかり通っていますけれど、日本の持続を本当に望むのであれば、日本の歴史の中で外国人がいかに大きな役割を果たしてきたかを再確認する必要があります。少子化が続いている中で、日本の人口減少を移民によって補うにせよ、現状の歴史認識ではそれは難しいでしょう。

大澤　一〇〇％賛成ですね。もし日本が、これからこの人口動態の中で生き延びていこうとするのであれば、外国から来た人たちが、そのまままたくさん定住してくれて、その人たちも我々と同様にこの国にコミットして、税金も払い、その税金が――自分たちを含む形で――公平に使われることが、互いに当然と思えるような連帯感を持てる状況が生まれないと、日本社会の今後は厳しいでしょうね。そもそも今のままでは、早晩、政府が期待しているほど、海外から人は来てくれなくなるでしょう。その方向を修正するためにも、少なくとも戦後の状況の中で始めてきたことを、根本から建て直す必要があると感じています。

よく言われることですが、第二次世界大戦の終わりから現在までを「戦後」というひと連なりの時代区分として見ているのは、日本と韓国くらいです。韓国にとっては、戦後は独立後ということですから、重要なのは当たり前です。しかし、日本では七十何年も経っても「戦後」と自らの時代を指すのはどうしてなのか。つまり日本だけが未だに戦後を生きているのはなぜか。それは、敗戦が提起した問題を未だに克服できずにきていることの表れです。

この問題を克服するには、平野さんが指摘されたように、日本人という共同体が、「あいまいな血の同一性」的なフィクションに頼っているような状況を変化させていく必要がある。今のままでは、グローバルな世界の中で、滅んでもいいと表明しているような状態です。

アメリカは曲がりなりにも、「血の同一性」に依拠しない社会、逆に「血の多様性」こそを肯定する社会をめざしてここまで進んできたわけです。もちろん、アメリカでも問題は起きています。たとえば、誰でも知っているように、そしてアメリカ人自身も自覚しているように、黒人差別をはじめとした人種による差別はどうしても完全には克服できない。ただ、それでもアメリカという国はいろいろな出自を持つ人たちが社会の中に存在していることを、アメリカのアイデンティティと考えている。

しかし我々日本人の多数は、なんとなく漠然と存在しているかのように感じている血の共同体にしか、共同性や連帯の根拠がない。でも、実際にはそんなものはそもそも存在しないのです。にもかかわらずそれに固執するのは、すでに住んでいる外国人や、これから日本に来る外国人たちは、日本人ではないと言っているような状態です。暗黙のうちにそう思っているだけではなく、現に明白にそういうことを言っている人もたくさんいます。しかし客観的に考えれば、それは日本という国がなくなってもいいと言っているに等しいのです。

シリコンヴァレーが「人類史」を求める理由

平野 冒頭で触れましたが、この一五年ほど、ジャレド・ダイアモンドやハラリの本が大変よく売れています。人類学の最近の知見を知れば知るほど、人類史的に見れば、日本人も結局アフリカからユーラシア大陸を通ってこの島に渡って来た人たちの末裔《まつえい》でしかないわけです。

大澤 なるほど、それはそうですよね。(笑)

平野 ナショナリズムの底が抜けるんですよね。何万年、何十万年といったスパンの話になれば、ナショナリズムなんて、人類史的にほんの短い期間の話でしかない。そうした認識は強まっていくでしょう。

大澤 最初に触れたように、世界の歴史についてホモ・サピエンス全体から考える、ハラリの『サピエンス全史』のようなスケールの大きい本が読まれているのは、マクロな視点から世界史を俯瞰したい人が数多くいることの証しでしょう。

今、自分はフランス人だ、日本人だ、韓国人だと言って生きる必然性は以前に比べるとかなり弱まってきています。逆に歴史を遡れば、この列島の普通の人にとって、「我々日本人」ということがアイデンティティの中核的な要素になったのも最近のことで、一世紀よりは前のことですが、一世紀半よりずっと短いことは確かです。

たとえば、近世であれば、武士にとっては、藩が政治の単位として大きな枠であったわけで、自分はどの藩に属しているかということが、最も重要なアイデンティティの要素でしょう。しかし逆に今、自分は何々県人だ、なんていうことは、そんなに重要ではありませんよね。甲子園の高校野球の応援でもするときには自分は何県出身だと強く意識するかもしれませんけれど。

その代わり、国籍については今もかなり重要視されています。外国へ行くときは、パスポートやビザがないと行けませんから、意識をする機会も多くあります。本当は現在、国籍というか市民権を持つことの最大の意味は、先進国の市民権には所得の構造的な格差からくるプライオリティがある、すなわち、先進国の市民権を持つということだけで、同一スキルの途上国の労働者よりも高い賃金を得ることができて、市民権が事実上の地代のような特権になっているということなのですが、話が細かくなるので深入りはやめておきましょう。

いずれにせよ、国籍や市民権という枠組みでさえ、長い目で見れば、重要度が低下しつつあり、少なくとも、アイデンティティの要素としての意義は、すでにかなり低下しています。人類全体を進化史の中で見るようなグローバルな歴史に関心が出てきているのも、その兆候かもしれません。

平野　市民権が「事実上の地代」というのは、おもしろい考え方ですね。国際化が進めば人の移動は今以上にますます盛んになっていくのは確かですから、反動でよりナショナリスティックになっていく側面もあるはずです。それでも全体的な状況としては、日本人という今の枠組みは揺らいでいくでしょうし、万世一系の物語も相対化されていく。今までその物語が存続し続けてきていること自体、驚くべき事実ですが。

大澤　一足飛びでは行けない問題が確かにあります。たとえば、二〇一六年のアメリカの大統領選挙では、ヒラリー・クリントンとドナルド・トランプがその座を争いました。そこで、クリントンを支持するリベラル派は、アメリカという国はグローバルな使命を体現しているような社会であると見なし、移民の受け入れやその対等な処遇に対して積極的でした。また、LGBTQ（性的マイノリティ）の人たちの平等もめざすなど、多文化共存を進めていこうとした。他方でトランプは、「アメリカ・ファースト」を主張した。結局、トランプが勝ったわけです。その後のアメリカ社会は大きな分断が可視化され、その分断の揺り戻しもあって、二〇二〇年の大統領選挙では、今度はトランプが敗れ、クリントンの流れを汲む民主党のジョー・バイデンが勝利します。

ただ、ここで、僕が指摘しておきたいことは、トランプや大半のトランプ支持者が「アメリカ・ファースト」と言っているとき、彼らだってそれが、普通はストレートに褒められるようなものではないとわかっている、ということです。自分たちが偏狭な利己主義者に見えると知っているのです。ある意味では、リベラルが主張するようなインターナショナリズムや多文化主義のほうが立派なことを知っている。

では、なぜ「アメリカ・ファースト」と主張するのか。彼らにはリベラルな人たちがとてつもなく偽善的に見えるからです。多様性云々と言って、確かに、さまざまなマイノリティの文化や生活様式を承認し、受け入れたわけですが、同時に、グローバルな、あるいはドメスティックな、とてつもない経済格差は、資本主義の公正な競争の結果であるとして放置しているからです。多文化主義やインターナショナリズムは、しばしば、マイノリティに配慮しているようでいて、実質的にはエリート主義的で、階級間の格差は視野の外に置く。そんな偽善よりは、本音の偽悪主義のほうがまだましではないか――というわけで、アメリカ・ファーストということになる。マイノリティの承認について云々するのに、貧困に陥りつつある中産階級を冷たくつき放すのは、とんでもない、というわけです。

人類のあり方を長期的に考えれば、ナショナリティにこだわったり、どんなネーションに帰属しているかが死活的に重要だったりする状況はやがて克服されていくかもしれません。ただ、今、結果を性急に求めると、偽善的なエリートの多文化主義のようなものになりやすい。このことは、脱落しかけた中産階級を、自国ファースト的なナショナリズムへの執着へと追い込むことになる。

ですので、僕が望ましいと思っている経路は、中間的な段階を通ることです。つまり、ネーションは超えているけれども、完全に包摂的なインターナショナリズムやトランスナショナリズムにまではまだ到達できていない中間の段階を活用する。たとえばEU（ヨーロッパ連合）は、その種の実験と見ることもできます。ヨーロッパの人々のネーションへのコミットメントを、ヨーロッパへのコミットメントに転換する試みです。もっともそれも今あまりうまくいっていないことも確かです。ヨーロッパのような、文明的な共通の土壌がはっきりとあるところでさえも、ネーションを超えた枠組みを、人々の第一義的な忠誠心の対象として構成することには苦労しているわけです。

いずれにせよ、最終的な目標は、完全なコスモポリタンたちによって成り立つ、普遍的な包摂性がある社会ですし、長期的なトレンドとしては、人類は、そういう方向に向かっているということは言えなくはありません。しかし、実際にそこに到達するためにも、中間的なところに、人々のコミットメントを引き出すことができるような魅力的な共同性を設定することがまずは鍵になる。その中間的なものにコミットして活動しているうちに、気づいたら、さらにそれ以上のものにコミットメントできるような心性や態度が育ってくる……そうした二段階で進んでいかなくてはいけないのではないかと考えています。

平野　僕は宗教学や人類学などの本が好きでしたから、自分なりに読んできたつもりですが、ジェームズ・フレイザー(13)や山口昌男(14)さんの本を読んでいた時代と、ハラリやジャレド・ダイアモンドの本を読む今の時代とでは、学問のあり方はもちろん、社会も大きく変わりました。もちろん人類学の中でもフィールドワークなどの研究は綿々と続けられています。そうしたジャンルと、ハラリの本はかなり違いますが、彼の本は、ビル・ゲイツが愛読書にしているそうですし、アメリカのシリコンヴァレーでもすごくウケけています。ハラリ自身もそのことに驚いていますけれど。それは、グローバル経済とグローバル企業が、自分たちが世界規模で進めていることに見合う、ナショナルな歴史とは異なる、全人類的な歴史を求めているからでしょう。ハラリがそれを狙ったわけではないでしょうけれど、そうした要請に対応した世界像が、四〇代前半くらいの世代の学者に現れてきた。

人類的な歴史の希求は広がっていて、グローバル企業などを中心に世界的にそれを共有していく流れは今後も続くと思います。なぜなら顧客が「人類」だからであり、桶狭間の戦いや、ワーテルローの戦いについて詳しく知っている個々の国民ではないからです。グローバル企業としては、人類という大きな単位で、遺伝子工学や生命科学、そして資本主義に関わっていますから、それらさまざまな要素が歴史とどう結びついているのか、そして今後、人類がどうなっていく可能性を秘めているのか、学問的な裏づけを欲しているのでしょう。

他方、グローバリズムがいきなり国家を不要にするというふうにはまったく考えませんし、反グローバリズムがナショナリズムに直結する、というのもおかしな考え方です。秩序と言ってもシステムと言ってもいいですが、まず個人がいて、家族や地域共同体があって、地方自治体があり、国家があり、グローバルな秩序がある。こうした秩序のレイヤー（階層）は、上位から下位に至るまで、緊密に結び合って、連動しながら全体としての秩序を形成している。その中で、確かに今、かつて国家が担っていたことをグローバル企業が担ったり、地方自治体や個人がしていたりするケースも増えてきています。そのときに、国家の役割とは何なのか、それが相対的に変化しようとしているのは事実であり、グローバル企業に対して協調的か、緊張を孕んでいるのか、という点では、アメリカとヨーロッパとでは、GAFAM(15)に対する態度を見ていても、かなり違います。

同時に、個人に関しても、自分の生活をどのレイヤーに最も依存しながら成立させているか、ということで違ってくる。地域共同体の内側に完全に閉じ籠もっているという感覚の人もいれば、国民意識の強い人もいる。グローバルに飛び回っている人もいる。地域共同体にべったりという人でも、グローバル秩序からは決して自由になれませんが、アイデンティティの帰属先という意味では重要です。

そのときに、大澤さんがさっきトランプ現象で語られたように、ナショナリズムに批判的で、「普遍」的な人権を語る左翼は、実のところ、秩序の役割分担をめぐって、国家の競争相手になっているグローバル企業と、「人類」的な見地から親和的なんじゃないか、そしてそれは、国内的には人権どころか、国民全体をグローバル競争の渦中に巻き込んでいるじゃないか、とんでもない偽善だ、という見方も出てくるのでしょう。これは、シリコンヴァレーの企業精神の根底にあるヒッピーカルチャー的なリベラリズムとも接続する込み入った話だと思うのですが。

近年、フランスの経済学者であるトマ・ピケティ(16)が「バラモン左翼(17)」と呼んだように、

「知的に傲慢で、裕福な、偽善的左翼」に対する批判が各地で巻き起こりました。ただし、トランプ支持者は、そうした「バラモン左翼」嫌いもあるでしょうが、ビジネス的に肯定している人から、自覚的に偽悪的な人、さらには素直に共感している人まで、内実は複雑なようです。

人間には身体があり、それぞれ異なる言語を使って生きている以上は、物理的にどこかの空間に存在している。だからニュージーランドなのか、オーストラリアなのか、最もいいのがどこかはわからないですけれど、とにかくどこかに住まなくてはいけない。そういう状況の中で、日本も、日本人にとっても外国人にとっても、候補の一つということになる。住む上で魅力的な選択肢なのかどうか。

ただ、言語の壁は、国家の枠を考える上で大きな要素でもあります。アメリカ人であれば、ジョージ・W・ブッシュやトランプが大統領になった際、カナダに移住したりする人たちがいました。しかし日本人の場合は、言語の壁は大きく、日本から外へ出られる人と出られない人とが分けられてしまう。しかも、出られる自由を持っている人たちは、やはり海外生活経験があったり、高学歴だったりと、富裕層が多いでしょう。今後、自動翻訳機技術などテクノロジーの向上によって（今はまだ日常生活がスムーズに送れるほどではありませんが）、いろいろな国に住む選択が可能になってくる。そのときに、人々がどこの国に住むかを考えると、環境的に自分にとって心地よく住める場所を選択する意識が高まるのは当然です。ただ、繰り返しになりますが、それが可能なのは、移動する余裕がある層の人たちです。相手国が受け入れてくれるかどうかという大前提もあります。

一方、国家にしかできない機能とは何かを考えると、徴税権に基づいた所得の再分配機能です。国家権力が最後に担うものは結局、社会保障か、軍事的な安全保障に関することです。グローバル企業ができないことを見ていくと、現状ではその二つが大きい。治安維持や社会福祉は、地方自治体だけでは担い切れず、国家の存在が大きい。しかし、部分的にはグローバル企業が肩代わりしていくかもしれない。

たとえば、スマート・シティ(18)が、ちょっとした規模のゲーテッド・コミュニティ(19)であった場合、その治安維持のための監視システムは、民間委託でしょう。最終的には警察権力の協力を仰がざるを得ないですが、日本の最近の犯罪率の低さを見ていても、それで問題ないというエリアは出現するかもしれない。そのとき、データ集めの得意な外資のシステムのほうがいいということもあるでしょう。また、GAFAMのようなグローバル企業が、金融業と結びついて、保険や年金事業的なことを引き受けるという可能性は十分あり得ます。しかし、それらは結局、中流以上向けの話です。

もし、格差がより広がれば、可処分所得が少ない人がもっと増えていくでしょうから、消費はますます停滞します。また、ダブルワークの推奨なんて論調もありますが、やりたいことを同時並行でやっていく〝豊かな副業化〟がある一方で、生活のための〝苦しい副業化〟は、賃金を得るために、より仕事に時間を取られて、余暇を楽しむどころではなくなるでしょう。そうすると、政治や文化に割かれる時間は減る一方ですし、ますます社会は停滞します。今でさえ、そのような状況が存在しているわけで、今後も日本は同じような社会が続いていく恐れがある。国家というレイヤーは当面、健全に維持されていかなければならないでしょう。

グローバル企業が国家を凌ぐ？

大澤　再分配が——軍事的な安全保障とともに——国家の機能で最も重要であるという指摘は、その通りです。しかし現在のグローバル化によって、再分配や、それをベースにした福祉国家というものは難しい状況にあります。今は国民国家ごとに再分配を行っていますが、グローバルな競争に晒されている現状では、国民国家は再分配機能を十分に発揮できません。たとえば国内の格差を緩和しようとすると、累進課税の強化や法人税増税の必要があります。しかし、法人税が高い国には本社を置きたくない会社の経営者たちがたくさん出てきます。実際、グローバル企業の本社なんて租税回避のためにさまざまなところへ置かれています。あるいは高額納税者になるはずのリッチな人、高収入の人は、税率の低い国や地域に拠点を置こうとする。

また再分配は、自分の資産や所得が、どこかの知らない誰かのために使われてもいいと、みんなが思うことで成立します。世界的な再分配を行うにはそうした意識のレヴェルで世界的な連帯感を持つ必要があります。この種の連帯感は、人々の予想される人生経験が概ね同じだという認識を基礎にして成り立ちます。自分もいつ失業してお金に困るかわからないとか、自分も高齢になって病気がちになったときに助けてもらいたいとか、誰もが思っているときに、再分配は成り立ちます。しかし、グローバリゼーションによって、一国の中でさえも、所得が二極化してくると、人生経験の基本的な共通性が失われるので、再分配による福祉国家がどんどん難しくなります。

しかし、再分配は絶対に必要です。しかも今述べたように、高額の税を納めることになる個人や法人は税率の低い国・地域に逃げてしまいます。そしてまた、そもそも格差はグローバルなレヴェルで生じているわけですから、結局、国民国家の範囲ではなくて、グローバルなレヴェルの再分配でなくては効果がない、ということになります。もっとも、国民国家の範囲の再分配すら機能をまっとうできにくくなっているくらいですから、グローバルな再分配はますます困難でしょう。

数年前に世界的な大ベストセラーになったピケティの『21世紀の資本』（みすず書房、二〇一四年）でも、最終的な提案は、タックス・ヘイヴン（租税回避地）に逃げられないように、グローバルなレヴェルでの課税が必要と指摘されていました。しかも蓄積された資本による格差が大きいわけだから、その年の所得に課税しても仕方がなくて、資産に対しての累進課税が必要だというものでした。考えてみると、そんな強力な政府ができたためしはないですし、できそうな気配もありません。それでも論理的にはそれしか解決策がない。

では、どうするか。格差解消のために機能する再分配をめざすには、まず、その世界政府的なものが民主的に支持されている必要がある。そのために、どうやって、この再分配による解決策で進めていこうというコミットメントを世界規模でつくっていくかが課題です。そのプロセスの中に今、僕たちはいると感じています。

平野　グローバル企業をどう規制していくのかは、もちろん大問題です。オランダの歴史学者のルトガー・ブレグマン(20)が、何年か前のダヴォス会議(21)で、「タックス、タックス、タックス！　その他の議論は全部クソだ」と言ったのが話題になりましたが、詰まるところ、その通りでしょう。それを抜きにして、日本で消費税を上げるなんて話は馬鹿げています。

一方で、さっきの話ですが、国家の社会福祉的な機能をグローバル企業が実質的に、部分的に代替するというようなことはあり得るかもしれない。たとえばアマゾンのような企業が、今のポイント経済みたいに六〇歳まで一定額の買い物をアマゾンでしたら、その後は半額で購入できるとか、日常品はただとか、そういうサービスを始めるかもしれない。具体的にそういった話を耳にしているわけではありませんが、アマゾン銀行ができて、そこに口座を持ち、買い物の支払いもお店の売り上げもそこからのお金の出し入れで管理し、保険も始めて、年金のようなサービスを始める。一種の特典として顧客を囲い込む、そんな環境が整備されると、国家の社会保障制度が破綻して年金を貰えなくなっても、アマゾンの割引なり現物支給なりのお陰で生きていけるような人も出てくる。自分のお金が誰に使われるのか、という先ほどの話で言うなら、アマゾンで買い物をしている人同士の世界的なコミュニティのほうが、国家への帰属意識よりも強くなるかもしれないし、未来においてもそのシステムのほうが、国家の財政を当てにするよりも確実だと考える人も出てくるでしょう。これは、一つの未来予測に過ぎませんし、僕はそうなるべきだと言っているわけでは決してありませんが。

フランスの哲学者ミシェル・フーコー[22]が定義した「生政治」(Bio-politics)ですが、近代になり、国民を健康な状態で保っておくことをめざすように国家権力のあり方が変わったとの指摘の通り、グローバル企業がそうした近代国家のあり方を模倣して、ヴァーチャルな代替国家のように振る舞うなら、消費者は一定程度、「健康」で、安定していなければならない。飽くまで利益追求の一環として、国家が果たしていた国民の生存に対する役割を、グローバル企業が代替する。しかし、それを再分配と呼ぶかというと、そうは言えないでしょう。貧しい人は、その特典に与れないでしょうし、彼らに再分配するためには、やはり国家か、大澤さんが言うようなグローバルな権力の構築が必要です。しかし、グローバル企業への累進課税をもっと強化すべきだ、という当たり前の発想に対して、妙な形で企業が人々の生活の安定に寄与しつつ、それを回避するということもあるように思います。コロナのワクチン開発でも話題になりましたが、ビル&メリンダ・ゲイツ財団[23]が行っている「人類」のためという名目の福祉事業なんていうのは、国家プロジェクト規模です。

大澤 グローバル企業に限らず、今は必ずしも企業はナショナルな根を持っていません。少し前までは、その国を代表する企業とネーションは一体化していました。大企業への忠誠心とネーションへの忠誠心が、融合していたのです。それはどこの国でもそうです。日本でもたとえば、松下電器は、「ナショナル」と称していたのですから。それが、いまや「パナソニック」です。世界的大企業にとっては、どこの国で利益を出してもよくて、どこの国に税金を納めるかは、その多寡にしか興味がないのでしょうね。企業は営利のために運営しているわけですから、それをコントロールするのはとても難しいです。

年金制度であれば、保険会社が個人の年金保険という商品で近いことをしているわけですが、自分たちのつくった年金プランのほうが利率がいいなどと営利の範囲で客の囲い込みはするでしょうけれど、それをすべての人たちに対して行えるかというと、どうでしょう。たとえばすべての人たちのベーシックインカムを企業が保証できるのか。そういう制度は、政府であれば利害を度外視して行動することができます。しかし企業は市場の中で利益を上げる行動しかしません。そして株式会社は、特にアメリカであれば株主の存在が大きいですから、利益に適わぬような事業が行えるのかどうか。企業も制度を工夫してよりよい方法を設計するとは考えられますが、企業による国家に替わるようなサービスがどこまでうまくいくかについては、以上のような問題が挙げられるでしょう。

ただ、それは次の時代の課題とも言えます。確かに、国家に頼るより企業に頼ったほうがもしかすると近道になり得るという状況になるかもしれません。グローバル企業はすでに国より大きな存在になっていますから、提案として興味深いものです。興味深く、ある意味逆説的なことは、今平野さんが出されたビル・ゲイツの財団などが典型ですが、グローバル資本主義を超えようとする提案やムーヴメントは、社会主義者とか労働運動からではなく、最も前衛的なグローバルな資本家から出てきている、ということです。もし基本的には誰もが加入できるという包摂性と、それらの参加者を含む民主的な運営とが確保されれば、プラットフォーム（共通の基盤となる環境）を再分配の拠点とすることもよいかもしれません。しかし、これらの条件を確保する上での究極的な障害は、プラットフォームが、最終的には私的所有権によって守られている、ということですね。そこを突破できれば、おもしろいアイデアだと思います。

平野　貧困層を漏れなくカヴァーするような仕組みにはとてもなり得ないというのはその通りでしょう。一定層の個人とグローバル企業との関係は想像できる一方、企業をコントロールする権力を国際的にどのようにつくっていくか、という大澤さんの問いには結局、うまく答えられていないのですが。

フェイクが溢れる中の歴史

大澤　一方でグローバル化がより浸透し、人類史という極端に大きい何万年ものスケールの話と同時に、日本史がブームになっているような状況もあります。自分は人類の規模で一体何者であるかを知りたいという思いがあるのと同時に、日本人や日本のことも知りたい思いが強くなっている。

これまで自分たちがなんとなく漠然と知っていた日本史観は、自分の意味を見出すには少し違うといった感覚を多くの人が抱えているのでしょうね。たとえば「応仁の乱についてわかりやすく書かれた本が出た」なんて言われると、読みたくなる。たいていの日本人は、応仁の乱という言葉はよく知っているけれども、誰と誰が何を争ったのかをうまく説明できる人は少ない。その無知をどうしても埋めたいという渇望感のようなものがある。この日本史ブームは、これまであった司馬遼太郎史観のブームのようなものとは異なるものだと考えています。

平野　日本史ブームの背景にあるのは、自分たちが中学や高校で習っていた歴史を覆す発見がこの二〇年ほどの間にいくつもあったことでしょうね。足利尊氏を描いたものだと習ってきた肖像が、実は別人のものである可能性が高いと判明したり、まあ、そういう事例が多々ありましたから、今まで習っていた歴史は、間違っているのではないかという疑念が生まれている。そうした状況も日本史ブームの背景になっていますよね。これは、歴史修正主義の蔓延の背景でもありますが。

大澤「自分たちが習った日本史が本当は違っていたのではないか」という感覚と、本当の日本史を知りたい気持ちが、歴史人気につながっているでしょうから、それはいいことではあるのだけれど、日本史を探しにいったら、フェイクの日本史ばかりが見つかるような状況になる可能性も出てきています。

平野　僕は『本心』（文藝春秋、二〇二一年）という小説で、AIやVR（仮想現実）の技術を取り上げたので、技術者たちにいろいろと取材していたんです。そうすると、ちょっと心配にもなってきます。映像技術の発展により、トランプが話している内容を、さもオバマが話しているかのように見せることなんて簡単にできるようになっている。映像でも、誰が何を言っているか、検証できないような状況が生まれている。また、人間とほとんど区別がつかないヴァーチャル・モデルのリル・ミケーラなんて、三〇〇万人以上のインスタのフォロワーがいて、日々、楽しい「日常生活」をアップしています。彼女がCGだということは、今ではみんな知っていますが、ネットにばら撒かれるフェイクは、今後ますます巧妙になっていくでしょう。フェイクニュース問題はさらに難しくなっていきます。

そのときに歴史も物量戦のような状況になっていくと思うんです。一方で、史料を尊重していなかったり、思い込みを元にして素人が書いていたりする話がまかり通ってしまい、他方で人文科学や社会科学の予算が削られていき、アカデミックな文献の数が減っていくと、ネット上に残るのは、陰謀論に近いような話ばかりになってしまうのではないか。それを非常に懸念しています。

大澤　古い歴史観を相対化する作業が進められている状況で、今の歴史ブームには、ベーシックな図式であったり、歴史観がないんです。これまでのヨーロッパを中心とした近代化の歴史では、日本はその中にレイトカマーとしてやってきたと位置づけられてきました。そうした歴史観にはピンと来ていない状況があると思うのです。近代的な歴史学というのは、ヘイドン・ホワイト(24)が『メタヒストリー』（作品社、二〇一七年）で示したように、ナショナリズムの時代である一九世紀に西洋で生まれた叙述の様式に基づいていて、それが標準ヴァージョンになっている。どうしても、西洋中心の歴史観です。それに対して、西洋史はサピエンス史におけるワン・オヴ・ゼムに過ぎないといった認識が生まれてきている。同時に今度は、西洋を含むさまざまな文明を横並び的に相対化するそうした図式の中で日本を位置づけるだけではピンと来ないので、「日本とは何なのか」が求められている。それが現状でしょう。

また、歴史学者と話をしていると、歴史ですから、さまざまな仮説が立てられるようなケースも多くあると言うんです。史料の限界もありますし、新しい史料が簡単に見つかるわけではありません。ですから、今までとは違う仮説を逆張り的に立てようと思えば立てられる。そんな感覚を持ってしまう人もいるようです。それがさらに今後、さまざまな技術によってフェイクが簡単に可能になって溢れていくと、トランプはどういう人だったかと問われて、オバマのような人だったということさえ言われかねないわけです。

今後、歴史に関しては、ほぼ正反対の説であっても、どちらも整合的なナラティヴ（物語）をつくることができる状況がどんどん増えていくように思います。新史料が発見されればいいのですが、それでも解釈は可能ですし、解釈の余地を奪い過ぎると、研究は先細りしますよね。ただ、その結果、あまりにさまざまな解釈が生まれてしまっても混沌とするだけです。だから日本史もよくわからないことの集合体になる危険性があるのではないかと考えています。

平野　一〇〇年単位で見てみると、国家の役割は徐々に低下してきていて、いろいろな人が移動する時代になっていくと、日本国内の歴史学研究は退潮していく可能性もあります。留学して、海外に移住して、アメリカに永住する、ヨーロッパの各国を移動する、アフリカで起業する、そんな未来の生活を思い描いたときに、「もう、日本の歴史なんてどうでもいい」と思う人たちだって出てくるでしょう。研究する人も少なくなっていくのではないか。

そして二〇〇年後くらいには、いろいろな土地で生きている人たちにとって、たとえば応仁の乱について知っていることが、生きていく上で重要かと言われると、そうでもない状況になりかねません。漢文なんか教えて何になる？　という話と同じです。まだ近代史であれば、政治経済をはじめ、具体的な問題にも関係するので、知らないといけないと思うでしょうが、学校の授業ではそれこそあまり教えない。これは僕の懸念ですが、しかし真に外国人と共生するというとき、移民が応仁の乱について知っているということを、どこまで期待するのか。僕たちが外国に移住するというとき、その国のナショナル・ヒストリーについてどの程度知っていることを期待されるのか。国民全体として、何割くらいが知っている状態をめざすのか。

大澤　ネーションは、近代に入ってから、とりわけ一九世紀において、西欧とその新大陸の植民地で始まったわけですが、互いに個人的には知らないメンバーに、一つの運命共同体への所属意識をもたせ、はるかな過去から受け継いだ未完のプロジェクトにコミットしていると思わせないとなりません。その際、ナショナル・ヒストリーについての共通の知識をもち、同じナラティヴを共有していること、たとえば「応仁の乱」と言ったら、とくに説明しなくても相手も知っていると期待できること、そうしたことが連帯感を生むのに非常に大きく利く。ただ、かつては歴史の規範的な基準として、西洋の歴史というものがあって、ナショナル・ヒストリーもその基準的な歴史との関係で思い描かれていたわけですが、おっしゃるように国家や国民の役割の変化に対応して、西洋や近代というものへの見方も変わってきているように思います。

レヴィ＝ストロース(25)や山口昌男さんの時代の文化人類学も、西洋の相対化が主眼だったところがあったわけです。西洋近代はもう限界だといった見方も当時はありました。現在流行している人類学的な視野を持つ歴史学は、さらにそのポストと言えるのではないかと捉えています。歴史の中で西洋が、ある時期から中心的な存在になっていたという事実については、とりあえず前提として認める。その上で、その事実を説明するためには、西洋的なものに自動的に収斂《しゅうれん》する歴史だけでは読み解けないことがあるという考え方が示されている。
たとえばジャレド・ダイアモンドは、なぜ新大陸と旧大陸の人類が出会ったときに、新大陸が征服されたのか、あるいはそもそもどうして、旧大陸のヨーロッパのほうが、新大陸を発見する形になり、逆ではなかったのかを考えるため、歴史をどんどん遡って、ついにはユーラシア大陸が、南北アメリカとは違い、東西に長い形の大陸だったという事実にまでいきます。ハラリも、産業化した近代に我々は至ったという事実をまずは重く見た上で、かつてのように単純に西洋に対して別の歴史や文化を横並び的に立てて相対化するという方法ではなく、西洋が主流になった事実を歴史的に説明するという内容になっています。

平野　しかも菜食主義者であるハラリに至っては、人間が動物に対して優位であることにさえ違和感を持っています。

大澤　西洋どころか人間の相対化に至ってきている。ヒューマニズムと言うけれど、では、なぜ人間が偉いのか。聖書に書いてあるものの、それは何の根拠になるのかといった問いを立てています。こうした問いは今後、さらにさまざまな問題を提起することにつながっていくと考えています。

「どこで生きるか」をより自由に

平野 僕は、何だかんだで、日本という国に強い愛着を持っています。生まれ育った国ですし、思い出もいろいろとあり、家族や親類、友人もたくさん住んでいる。日本語の話者であり、小説家でもありますから。僕が今、日本政府や旧態依然とした社会を批判すると「反日」だとかなんとか言ってくる人もいますけど、根本的には「憂国」ですよ。しかし、安倍政権時代には、日本が好きとは言いにくいところがありました。極端に保守的で、排外主義的な人たちが、「日本スゴイ」の大合唱でしたので。コロナで「日本スゴイ」の幻想もいよいよ潰えて、いろいろな数字とともに多くの人が心配し始めたのは、遅きに失していますけど、現実を見るという意味ではよかったと思います。やはり、日本を住みやすい場所として残していきたい。

ただ、心配だけじゃなくて、今後、相当つらい状態になっていくことは目に見えています。安倍政権以降、偽装だらけで見ないようにしていた現実が、政治腐敗だけではなく、オリンピックやコロナ禍を経て、社会問題として噴出し始めている。どこから手をつけたらよいのかというくらい滅茶苦茶なものが残されてしまった。この社会の中でどう考えていくか。切実です。

大澤　平野さんが先ほど指摘されたように、日本に住むということにこだわらずに生きられる時代が来るのは確かでしょう。その結果、先に触れたアメリカのトランプ支持に表れるような、少しねじれたナショナリズムが出てくることもあると考えています。つまり、ナショナリズムが長期的には弱体化するとしても、その途中で、逆にナショナリズムが強化される可能性もある。

インターネットが普及し始めたばかりの頃、『想像の共同体』（書籍工房早山、二〇〇七年）で著名な比較政治学者であるベネディクト・アンダーソン(26)は、インターネットを媒介としたナショナリズムが立ち上がりつつあると論じていました。どういうメカニズムで起きるか。たとえば、アメリカは移民の国です。さまざまな由来を持つ人たちが暮らしていて、公式には差別されていない状況になっています。しかしそうは言っても、現実は不利な立場、有利な立場があるわけです。

アメリカに住んでいる、たとえば二世、三世の〇〇系アメリカ人がいたとします。〇〇系であるがゆえに、差別されたりして、不遇感を持っている。インターネットがなければ、これで終わりなのですが、インターネットがあるおかげで、遠く離れた自分の先祖の故郷、〇〇人について知ることになる。ときには、その故郷でも、〇〇系は少数民族で、主流の民族との間に葛藤をかかえていたりする。このとき、アメリカにいた、〇〇系アメリカ人は、突然、「アメリカ人」である以前に、「自分は〇〇人だ」という意識を持つことになる。その地に行ったこともないにもかかわらず、です。そして、その出自の土地で起きている民族運動にシンパシーを抱き、さまざまな形で援助までする。たとえば資金援助を始めたりする。こういうナショナリズムのことを、アンダーソンは「遠距離ナショナリズム」と呼びました。その国に所属したことがない人まで、何かナショナルなものへの帰属意識を強く持ってしまう場合がある。

なぜ、こんな話をしたかというと、これと似たメカニズム、つまり故国から遠く離れた地で感じる不遇感やルサンチマンが、過剰なナショナリズムに転ずるという事態が、今後、生じやすくなるのではないか、と考えるからです。たとえば英語が得意な人やエリートであれば、アメリカで暮らすことは可能です。とはいえ、やはり母語は日本語ですし、日本という文化的背景を持つ者が、アメリカで暮らしたり、仕事をしたりするわけですから、不遇感とか、自分は十分に理解されていないという不満などを持ちやすい。そのことが、ナショナリズムに反転する可能性がある。

率直に言うと、三島由紀夫[27]がナショナリストになった背景にも、そうした意識が作用した面があったのではないかと考えています。三島は当時としてはめずらしいぜいたくな世界旅行をしてはいますが、海外で長く暮らしたことはありません。しかし三島の作品は多くが英語やその他の言語で翻訳されていますから、ある時期から、当然、海外の、とりわけ西欧の文化人との交流も多くなる。その彼でさえ、自分の作品が英語文脈に乗ったときに、自分の売りはなんだ、自分が海外の小説家や文学者に伍して――あるいは彼らを超えて――主張できる自分の特徴は何かと考えると、急に「自分は日本人だ」といった意識を強く持ち、それを外側へ打ち出さざるを得なくなった。しかも三島の日本は、彼が理想化した日本、彼の幻想の中の日本なので、余計に厄介です。彼は自分自身でつくり出した日本へコミットすることで、世界文学の中での自身の位置を確保し、己の自尊心を保っていたと思いますね。

三島のことは第三章で詳しく論じますので、まあ、措いておきましょう。いずれにせよ、今後日本人が、特に有能な人が世界中に移り住むとすると、その中で、逆に自分が日本人であることによりいっそう自覚的に向き合わなくてはならなくなるケースがかなり多くなるようにも思います。その場合、日本人という個性を、海外の人にもアピールできるような普遍的なものに接続できるケースと、単なるルサンチマンの裏返しとして国粋主義者になってしまうケースと、二つに分かれるように思うのです。

時々、海外に留学した経験のある人が、ひどいナショナリストになってしまうことがありますが、それは後者のケースです。特に日本の文科系の学者は、ヨーロッパで発展した学問の研究をしていることが多いですから、たとえばドイツ哲学の研究をしているので、ドイツへ行く。すると、現地の研究者から相手にされなかったりすることがあるわけですよ。その結果、急に日本人であることを強く意識し始めるような事態になってしまう。そんな劣等感の裏返しのようにして生ずるナショナリズムには感心しないですね。

平野さんは小説を書かれていて、かなりの数の作品がいろいろな言語に翻訳されています。僕も日本語で書いています。客観的に見れば、自分は日本人であって、日本語で考えています。しかし日本のことをそんなに意識しながら書いているつもりはありません。でも、よく反省してみると、自分の学説やアイデアの一部に関しては、自分が日本という国で生きていて、その伝統を自然と吸収してきたがゆえに出てきたのではないか、と思うときがある。たまに海外から来た研究者や留学生に、僕の書いたものに関して、「大澤さんのこういうところに日本人的なものを感じた」といった類の感想をもらう機会があって、「そう言われれば、そうだな」なんて思うことがあります。どうしても日本的な背景を負っているのです。

ただ同時に、付け加えておけば、自分の文章が日本語で書かれていて、これを読むのは、ほとんど日本人だけだとしても、その内容に普遍的な意味があるという確信がないと書けないものです。日本の中でしか意味を持たない、世界のレヴェルで見たら意味がないなんて思っていたら、絶対に書けません。文筆の仕事だけではないでしょう。何らかの分野で仕事をするとき、実際に海外を股にかけてそれをするかどうかとは別にして、その仕事の普遍的な意味に対する確信がないと、たいしたことはできないように思います。

もちろん、だからといって、それぞれの人が持つ文化的な特殊性・特異性を否定したり、抑圧したりするのはダメです。逆に、それらを普遍性に接続する。これに成功するかどうかが、仕事の価値を左右する鍵になるということです。ちょっと、いろいろと枝葉のほうに話が展開し過ぎました。

平野　海外経験のせいで、かえってナショナリストになる、あるいは外国人嫌いになるというのは、僕もよく目にしてきました。実際にイヤな経験をすることもあるでしょうし、海外にいると、日本について質問される機会が多く、自然と「日本代表」みたいに返答してしまうようになる。ちょっとくらいおかしなことを言っても、相手は、なるほどと聞いてくれるし、自分の中で日本が勝手に美化されていく、ということもあるでしょう。そこから、実在しない日本に向けての「遠距離ナショナリズム」も芽生えてしまう。

ただ、ちょっと目先を変えた話をしますと、僕は、自由に人間が行き来する時代になると、「恋愛」が大きな意味を持つと思うんです。

大澤　なるほど！

平野　どこの国に住むのかが自由になったときに、行った先で、誰かを好きになり、結婚して、子供ができる。養子を貰うかもしれません。恋愛というのは、あらゆる選択肢の中から最善を選ぶというのではなく、偶然が必然化するような経験です。すると、その後、移動し続ける人生を選択することは、少なくとも一時的には難しくなるでしょう。子供の教育環境の問題がありますので、どの土地で生きていくかは、仕事の問題だけではなくなります。今現在も、現実的に、どこの国に住むかに関しては、結婚が大きな意味を持っている。

僕は父方も母方もこの日本列島に長く住んでいる一族の末裔ですが、ここ最近、自分の孫ぐらいの世代には、移民としてどこか別の国で生きているかもしれないと想像するようになりました。たとえば、孫がアメリカで生まれ育って、「おじいちゃんは日本人だったんだ」「ああ、そうなの」「私は日本語は全然しゃべれないけどね」なんていう会話を誰かとしているかもしれない。そうすると、自分のルーツの国のナショナル・ヒストリー、自分の配偶者のそれ、生まれ育った国のそれと、複数の関わり方になるでしょう。母語と母国語という区別がありますが、母文化、母国文化、祖母文化、祖母国文化、……が同居する感覚でしょうか。そのときにアイデンティティを一つに決定して、それに依存する発想では無理だと思うのです。

僕は長らく、「分人主義」という話をしていますが、個人の中に複数性を抱えながら生きていくことは不可欠だと思います。先ほどの話に出てきた、外国へ行ったら馬鹿にされるけど、日本ではエリートだと偉そうにできる。だから「やっぱり俺は日本人だ」といったあり方ではなく、分人化して、外国に行ったときの自分はこうで、日本にいるときは違ってこうであると。さまざまな人とさまざまなシチュエーションで接するわけですから、その関係性や環境で異なる複数の自分を抱えながら、どちらがどちらと決定しないまま、いろいろな国にまたがって生きていく。ネットの世界にもメタバース(28)があります。

もう一つは、最近いろいろな人と話していると、ハラリもそうですけれど、考えている人ほど、一〇年先はわからないと言います。正確な未来予測は難しい。一〇年前に今の状況を予測できた人はいません。予測はせざるを得ないですが、基本的には難しいという前提で、どうやって生きていくか、その方法を考えなくてはいけない。そう考えると、ハイリスク・ハイリターンの一点投資のような人生プランは危ないでしょう。ある程度、分散して、いくつかのことにまたがりながら、たとえこちらでひどい目に遭ったとしても、あちらでなんとか生きていける。あっちで収入源が絶たれても別の道がまだある。そんな考え方で生きていくしかないのではないか、というのが僕の提案です。いくつかのプロジェクトにいつも関わり続けているような状況にいることが重要で、それを可能にする主体のモデルを持つ必要があります。

大澤　平野さんの「分人主義」は本書の大きなキーワードの一つだと考えています。このことについては、後にあらためて議論をすることにいたしましょう。

第二章
平成を経て日本はどう変化したのか

第一章では人類史や日本史のブームを糸口に議論を深めた二人。本章の話題の始まりは、日本において歴史を区分する単位ともなる「元号」だ。なお、本章の元になった対談が行われたのは、平成の天皇が退位を宣言した後の二〇一九年一月であるが、「令和四(二〇二二)年」の視点から改稿を行っている。

西暦と元号のはざまで

大澤　二〇一八年は明治一五〇年でした。日本が近代という時代を意識したのは明治になってからです。近代という時代区分自体が西洋的な見立てではあるものの、そうした歴史の流れの中で現在の日本がどのような状況になっているのかを本章では考えてみます。そこで明治以降、脱亜入欧ということで進んできたにもかかわらず、今なお日本人が使っている元号を足がかりにしたいと思います。

二〇一九年の四月三〇日、平成三一年が終わり、五月一日から令和元年が始まりました。平成とは何だったかといった議論が盛んに行われたわけですが、僕は平成という時代の見え方に不思議な気持ちを抱いているんです。

平野　僕もすごく持っていますね。そもそも平成が終わるからと言って、その三〇年間を平成という区分で考えることにどれだけの意味があるのか。結局、日本でしか通じない議論ですし、西暦の世界の出来事と一々照合しなければならない。リーマン・ショックは平成何年なのか、とか。

大澤　平野さんは僕より若いから、イメージの持ち方が少し違うかもしれませんが、昭和には——とりあえず戦後に限ってみますが——昭和三〇年代や昭和四〇年代という言い方や時代区分があるじゃないですか。特に、前者、昭和三〇年代は、よく使われます。しかし、昭和五〇年代、六〇年代と言うことはほとんどありません。それに対して、一九五〇年代はあまり使われませんが、六〇年代や八〇年代は、よく使います。つまり、日本人は、自分たちの時代的な立ち位置を考えるとき、無意識のうちに、昭和と西暦を使い分けているんです。その使い分けに、世界の中での自分の位置づけ方、日本人のコグニティヴ・マップ（認知地図）が反映されているはずです。

ところで、気になるのは平成です。昭和五〇年代・六〇年代はほとんど使われなかったのに、「平成」という表現は意外とよく用いられた。しかし、平成は三〇年間もあったにもかかわらず、平成一〇年代はこうだった、二〇年代はこうだったといった言い方はしません。

平野　確かにそうです。自分が今、平成のどこにいるのかが、リアルタイムでもよくわかりませんでした。だから平成何年にこういうことがあったと言われても、全然ピンときません。ましてて平成という時代を考えようとすると、どうしても世界で何が起こったかで区切ってしまいます。平成の三〇年間を三つのパート、西暦で一九九〇年代、二〇〇〇年代、二〇一〇年代に分けたほうが、はるかに見えやすいです。

大澤　昭和五〇年代という言い方をしないのは、もちろん昭和五〇年代に大きな出来事がなかったからではありません。たとえば一九七〇年代や八〇年代と言えば、時代のイメージが湧きます。ある時期に昭和という元号から西暦へ準拠点が変わっているのです。この変化の理由は、比較的容易に説明できます。昭和三〇年代というとき、日本人の大半は、自分にとっての世界は基本的に日本列島に限られていました。海外のことは知識としては持っているけれど、自分の肌感覚として、ほぼ念頭になかったでしょう。もちろん当時は、規制がありましたから、海外へはほとんど行けなかったことが理由の一つです。そして人的な交流も少ない上に、海外からの物流がたくさんあるわけでもなく、情報に関しても限られていました。

平野　移動制限はもちろん、情報に関しても、今のようなインターネットが整備された時代からは想像できないほど、手に入れるのは難しかった。

大澤　そうした状況下ですから、当然、日本人は昭和を生きている。西暦で物事を考える頭なんてないわけですよね。一九五〇年代は、「五五年体制」以外ではあまり使われません。また、「六〇年安保」だけは別格ですが、一九六〇年代も、その前半をイメージするときにはほとんど使われません。一九六〇年代というとき、大概の人が思い浮かべるのは、六〇年代末期のこと、六八年や六九年の出来事です。ということは、転換機はその頃にあると考えられます。六〇年代という言い方に、僕らがリアリティを覚えるのは、六八、六九年に学園紛争が起こり、パリでは六八年に五月革命が起こり、学生主導の運動から労働者、市民へと政府に対する抗議運動が広がり、革命には至りませんでしたが、フランス政府は彼らの声を政策へと取り入れざるを得ない状況になります。

また、アメリカでカウンター・カルチャー・ムーヴメントも起こり、そうした連動感が微妙に持たれ始めた。それが六〇年代も終わろうとしている時期の出来事なんですね。また、連合赤軍によるあさま山荘事件は、昭和四七年というよりは、一九七二年の出来事として記憶されています。この一九七〇年前後の時期に転換が起こり、日本の中で暮らしていても、自分は世界との関わりの中で生きているんだという実感が人々に浮かんできたと考えられます。

平野　三島由紀夫が亡くなる四ヵ月ほど前の一九七〇年七月に、「私はこれからの日本に大して希望をつなぐことができない。このまま行つたら『日本』はなくなつてしまふのではないかといふ感を日ましに深くする。日本はなくなつて、その代はりに、無機的な、からつぽな、ニュートラルな、中間色の、富裕な、抜け目がない、或る経済的大国が極東の一角に残るであらう。それでもいいと思つてゐる人たちと、私は口をきく気にもなれなくなつてゐるのである」と書いています。この「果たし得てゐない約束――私の中の二十五年」（『サンケイ新聞』夕刊、一九七〇年七月七日）と題された文章は、なぜか右派・左派を問わず、三島文学を読んだ人も読んでない人もよく引用します。三島なりの「憂国」であり、非常にネガティヴな当時の日本の捉え方ですが、まさに昭和という感覚が希薄になってきて、日本人が西暦で「現代」を捉えるようになっていく時代の風潮が表れている。

元号への愛着

大澤　こうした時代の流れを経て、平成を迎えたとき、僕はもう元号を使う機会はほとんどなくなるのではないかと思いました。ところが平成という言葉は意外に使われました。平成が終わる際にさまざまなメディアで平成特集が組まれたりしたのは当然ですけれど、そうではなくとも、「平成の何々」といった表現を、日本人はよく使います。野球の松坂大輔のことを「平成の怪物」と言ったりと。しかし、たとえば一九九五年のオウム真理教による地下鉄サリン事件や、二〇一一年の三・一一、東日本大震災が平成何年に起こったかはさっと出てきません。平成を使う際は、時代を一括りにする場合なんですよね。つまり枠組みがあるだけで中身がないのです。

平野 オッサン臭いノスタルジーを「昭和」と呼んだりするように、元号のフレームだけは、何となく使われていますね。

大澤 日本人は、一九七〇年頃から自分の世界は日本国内だけでは語れないと感じ始めていた。そのため、多くの人たちは、元号で自分と関わる出来事を位置づける気分がしなくなってきたのです。だから、たとえ国内で起こった出来事であっても、千九百何年という認識で位置づけている。はっきりとグローバルなネットワークの中に自分がいることがわかっています。つまり、身体感覚ではすでに千九百何年という西暦の世界の中で生きているのです。また、二〇〇〇年代に入って、インターネットなどでさまざまな情報が即時的に得られるような状況が生まれました。その結果、世界の中で、西暦で生きざるを得ない状況にもなっていて、そのことを日本人もよくわかってきた。

平野 実質的には、役所で書類を書かされるときぐらいしか平成を使わないですから、最後まで今が平成何年かがわかりませんでした。しかし、西暦はまず間違えません。

大澤　にもかかわらず、他方で平成という言葉であり、元号というものへの愛着があるのです。その愛着がどこから来るのか。それは、日本人でありたいという感覚ではないかと思うわけです。

平野　それは濃淡さまざまな天皇制への愛着と、やはり表裏でしょうね。あとは漠然とした世代的な帰属意識もあると思いますが、それも日本の各世代ですね。

大澤　日本人として、ここに生きていることを確認したい。しかし平成という実態に対して具体性や内容のある感覚を持てない。日本人でいたいと一方では思っているものの、ところで「日本人って何？」と問われたときに中身がない状態があからさまにある。それが平成であり、元号というものの使い方に表れていると感じています。

「自分探し」を続けた平成という時代

平野　平成というのは、時代自体がずっと「自分探し」をしていたような印象を持っています。個人にとっては、「いい大学」へ進学して、「いい就職」をして終身雇用で四〇年くらい勤めて、その間に結婚して、三五年ローンで家を買って、老後は年金で生活する……というイメージが、バブル崩壊と共に崩れ始め、今では非正規雇用労働者が約四割に達しています。格差によって社会的に自己実現できる人と、なかなかうまくいかない人とが如実に分断されてしまったのが平成の間に起こったことです。

国自体も、冷戦体制が崩壊したあと、日本は東アジアでの安定した位置づけを見出し得ませんでした。経済的にもバブル崩壊後、どうしたらいいのかわからないまま、新自由主義に呑み込まれていきながら三〇年が「失われて」しまった。個人はどうやって生きていったらいいのかわからない。国家も国際社会におけるアイデンティティも見失ったまま、湾岸戦争、アメリカ同時多発テロを経て、ともかくアメリカとの同盟強化一択になってしまった。その挙げ句に二〇〇八年にアメリカに端を発したリーマン・ショックに巻き込まれ、日本も深刻な不況に襲われ、年越し派遣村が象徴的でしたが、国内的な格差が一気に可視化されていくことになる。そして二〇一一年に、三・一一が起きてしまった。

この国家的な危機に直面した後、第二次安倍政権時代には、一九九〇年代以降燻《くすぶ》り続けていた強烈な反動が露呈し、日本礼賛や排外主義がはびこり、「日本スゴイ」的な保守化が、ほとんど断末魔のように蔓延しました。平成の日本にリアルな実感を持って誇れる何かがあれば、それを根拠にもできるのでしょうけれど、ほとんど捏造でしかない「日本の伝統」がいろいろな形でつぎはぎ的に引っぱり出されてきて、そこにアイデンティティの最後の拠り所を見出そうとする。そんな状況で平成の終わりを迎え、振り返ると、つくづく気が滅入ります。

大澤　やたら自信過剰な振る舞いをする人というのは、それを誇示しているだけで本当は自分に自信がないことのほうが多い。僕は、平成の日本人の「日本ぼめ」に、これと類するものを感じるのですよ。平野さんが指摘するように、平成は日本全体が確かに「自分探し」をしていたと感じます。そして、平成なんてものにほとんど依拠しないで生きていられる状況ですから、平成何年なんて、ほぼ言わないで暮らしてこられた。しかし平成というものの中で生きたいという思いも一方にある。だから平成という言葉に強い執着があって、それを使いたがる。それで「平成の歌姫」なんて言わざるを得ないわけです（笑）。でも、平成には中身がない。自分が何者かは知りたいのだけれど、中身がないことがわかってしまっているから、迷走していたのが平成であり、そのまま今の日本へとつながってしまっていると考えています。

虚勢の自慢

平野 平成の始まりの時期の大きな出来事は、やはり冷戦が終わったことでしょう。「冷戦後」こそが九〇年代の一番の特色です。二〇〇〇（ゼロ）年代は、九・一一のアメリカ同時多発テロのインパクトと、それからインターネットの普及。この二つの出来事が二〇世紀と二一世紀を分かつ意味でも大きかった。それらはグローバルな出来事でした。リーマン・ショックを経て、最後の二〇一〇年代の三・一一の東日本大震災は、日本の出来事でしたけれど、ドイツが脱原発に踏み切ったように、グローバルな変化の中で、日本の姿が問われてきた。震災によって多くの人が亡くなり、福島第一原子力発電所の事故の処理は、元号どころか、西暦でも一体いつ終わるのか、見当もつきません。

一応そんなふうに、平成を一〇年単位で三分割できると思いますが、ただ、起きたこと自体は、平成という元号とは何の関係もない。ですから三・一一は、平成二三年ではなく、二〇一一年の出来事と意識されています。保守反動も、一九九〇年代の河野談話(1)、村山談話(2)への反発という日本の事情とは別に、今や世界的に顕著になっている現象です。エズラ・ヴォーゲルによる「ジャパン・アズ・ナンバー・ワン」などで逆上《のぼ》せていた時代とは違い、不安げに、日本の姿が世界にどう見えるのかと意識していたのが平成でしょう。それが非常に「自分探しの旅」的でした。

大澤　NHK放送文化研究所が一九七三年から五年ごとに行っている「日本人の意識」調査があります。いろいろなことを訊いている包括的な意識調査なんですが、当初から基本的に同じ質問をずっと繰り返しています。その中にナショナリズムに関する質問があります。「日本に生まれてよかった」「日本は一流国だ」「日本人は、他の国民に比べて、きわめてすぐれた資質をもっている」という問いに「そう思う」「そうは思わない」「わからない（無回答を含む）」といった区分で回答します。同じ傾向が得られそうな内容ですから、割合は多少異なりますが、推移は同様の傾向で変化しています。その変化の仕方にはっきりとしたメリハリがあるんです。七三年から「そう思う」割合が上がり、そのピークは概ね一九八三年の調査です。この頃が日本人にとって一番自信がある時期です。だからバブル景気のときは、日本人の自信は、もう下がっているんです。

平野　ピークは過ぎてしまっているのですね。

大澤　そうなんです。「バブルのときはよかった」といった言い方がよくされています。しかし八〇年代初頭のほうが、日本に自信を持っている日本人が多くいて、景気がいいと思われていたバブルのときには、すでに違和感を持ち始めている人が増えていたのです。株価や不動産の価格は上がるけれど、これは過大評価なのではないか。調子はいいけれど、これは何かおかしい、どこか地に足が着いていない。そうした感覚を持つ人が増え始めていた。そしてバブル景気が崩壊して、当然、自信はさらに下がっていきます。

ところが興味深いことが起こります。その後、「自信」がリバウンドするのです。一九九八年、二〇〇三年の調査がボトムになり、〇八年からV字回復しているのです。二〇一三年、二〇一八年の数値は、一九八〇年代とほぼ同じくらいになっています。これはおかしくないですか。この状況で、なんで自信を持てるのと？

平野 「失われた二〇年」と言われ、今となっては「失われた三〇年」と呼ばれる時期まっただ中ですからね。

大澤 一九八三年に自信を持っていたのは理解できます。『ジャパン・アズ・ナンバーワン』の出版が一九七九年です。アメリカの有名な社会学者が日本を「ナンバーワン」と言ってくれているわけですから、相当自信もつきます。しかもこの本の副題は「Lessons for America」、アメリカにとっての教訓です。アメリカについてきたのに、そのアメリカが日本を手本にしようとしている。しかし、二〇〇〇年辺りからあとの日本は、そんな状況からはほど遠く、特に自信を持つべき客観的な理由もないのに、自信があるほうへとリバウンドするのは、おかしい状態じゃないですか。これをどう解釈すればいいか。

僕は、これは虚勢を張っている状態と見ています。振り返ってみると、人間は本当に自信があるときは、意外に謙虚なものです。「私なんてまだまだです」などと言えたりする。しかし自信が、ある限界を超えて低下してしまうと、人間は自分に自信があると誇示したくなるのです。それが今の——二一世紀に入ってからの——日本の状況、つまり「日本スゴイ」と言いたくなる（笑）。平成という時代は、そうした末期的状況が現れているんです。

平野　日本の現実を見つめれば、とても「日本スゴイ」とは言えないはずですからね。コロナでいよいよ、認めざるを得なくなりましたが、大変な凋落の過程にいます。なんとかしないといけない。

大澤　日本に自信を持ちたい気持ちがある。ところが、それを持てなくなっているので、自己暗示にかけているような状態です。グローバルな環境で生きつつ、また、生きているからこそ日本に自信を持ちたい。けれど持てないことにも感づいているから、二〇〇〇年頃まではできた、「自己反省」をする余裕が、今はなくなってきているのです。二〇〇〇年前後ぐらいに、『ここがヘンだよ日本人』というテレビ番組が放送され、かなり人気がありました。滞在歴が長かったりして日本に詳しい外国人に、日本や日本人のここが変だと言われて、日本人は当たり前のように思っていたことが、外国人の視点からは、滑稽だったり、不合理だったり見えると指摘される。日本や日本人を少し笑い者にする番組内容でした。当時の日本人は、自分を距離をおいて見るだけの余裕がありました。しかし今、同じような内容で番組をつくれるかというと、とてもできないと思うんです。不当に自虐的だとして批判されるでしょう。

平野 今の雰囲気であれば、炎上するでしょうね。

大澤 しかし今の「日本ぼめ」の傾向は、二〇年前であれば、「ここがヘンだよ日本人」と言われていたような話題を自慢しています。(笑)

平野 実際、そもそもそれが、日本の自慢になるのかというような話が多いです。

大澤 平成の前期の二〇〇〇年頃までは、「自慢をするのは情けないよね」といった余裕を持っていたのです。ところが今は、それが逆転して拠り所にしている状態です。平野さんが挙げて下さったように、三島は「無機的な、からつぽな、ニュートラルな、中間色の、富裕な、抜け目がない、或る経済的大国が極東の一角に残る」と言って、経済だけが自慢の事実上中身のない、文化的にゼロの国ができると指摘していた。けれど、その戦後日本の唯一の自慢の種であった経済的な成功すら、二一世紀にはなくなってしまいました。その代わりをどうしたか。

夏目漱石の『三四郎』の冒頭で、三四郎が汽車に乗って上京する場面があります。そこで後に再会することになる広田先生と同席します。この『三四郎』は、日露戦争が終わった三年後の一九〇八年から連載が始まっています。その作品の中で漱石は、三四郎に「これからは日本も段々発展するでしょう」と言わせ、広田先生に「滅びるね」と答えさせます。「日露戦争に勝って、一等国」になった日本の状況に対して、漱石は何か危うさを覚えていたのでしょう。その広田先生が、唯一日本の自慢するものとして挙げているのが、富士山です。広田先生は、三四郎に向かって「あなたは東京がはじめてなら、まだ富士山を見たことがないでしょう。今に見えるから御覧なさい。あれが日本一の名物だ。あれよりほかに自慢するものは何もない。ところがその富士山は天然自然に昔からあったものなんだからしかたがない。我々がこしらえたものじゃない」と言うわけです。

しかし近年の日本は、世界遺産になった富士山を自慢しているような状況です。三島がこんなものだけが自慢になったらおしまいだと言った経済的繁栄を失い、さらにその前に漱石が、自分たちがつくったものではないから自慢の種にはならないと言っているようなものが、自慢の種になり、それで勝負に出ているような状況になっているのです。

幸福への意識が大きく変化した平成

平野 平成を考える際には、昭和を参照しながらこの間ずっと話が進められてきました。平成が「自分探し」の時代とでも評すべき、ボヤっとした印象なのに比べて、昭和は濃厚です。昭和を大きく区分すると、戦争と高度経済成長という二大要素が前半と後半にありました。戦争で酷い経験をしたけど、そこから立ち直り復興した。そんなストーリーが広く共有されています。実際にそのストーリーは、昭和の日本人観を形づくる上で大きく作用しています。これは日本だけではなく、たとえば中東やアフリカで日本に比較的、好意的な見方をしている人たちにも共有されているようです。

たとえば文学で考えると、平成文学とは何だったのか？　この時代の作家たちは、そもそも西暦の中で文章を書いています。それでも、無理矢理、その担い手を考えるとして、それは一体、誰だったのか。そう考えると、昭和の作家たちが少なくとも平成の二〇年間くらいは強い影響力を持っていました。僕がデビューしたのは、一九九八（平成一〇）年ですが、大江健三郎さんにしても、古井由吉[4]さんにしても、もっと歳が上の瀬戸内寂聴さんや河野多恵子さんも文壇の中で大きな存在感を放っていました。特に大江さんのノーベル賞受賞もありましたし、そうした昭和の作家たちの存在を抜きにして平成文学を語っても仕方がない。これは、作家が長寿になって、一つの元号の枠にはなかなか収まり切れなくなったということもあるかもしれません。ともかく、こうして昭和を参照しつつ考えることで、はじめて「空っぽ」の平成の意味を見出せるのではないか。これが一つです。

　しかし、昭和を参照しているからこそ、平成が何かボヤっとした印象になっているということもあるでしょう。昭和の戦争経験者も、平成にはまだ存命でしたし、その対比の中で「今の平和」が語られることが多かった。昭和より、平成のほうが安定していたのは事実でしょうが、高度経済成長の頃の昭和を思い出すと、やはり停滞感は否めない。

大澤　時代が安定しているか、不安定かという問題は、一般論を指摘しておくと、近代社会の特徴と関係します。近代社会に生きている我々が生まれてからこのかた、当たり前と思っていることがあります。それは、人類史的な規模で見ると、すごく特徴的な状況に置かれているということです。どういうことか、単純化すると、常に変化していなければ、あるいは常に成長していかなければ、不安定だという認識です。近代以前の社会では、逆に変化は不安定と同じ意味を持っていました。

たとえば、江戸幕府が来年三％の経済成長を、年貢を三％増やさなければいけないなんてことは絶対考えないわけです。去年と同じだけ今年も来年も収穫できればいいと考えている。常に三％ずつ増えていく事態なんて想像していません。ところが近代社会では、日本はもちろん世界の大半の国々で、常に何％か経済成長しなければおかしくて、ゼロ成長は大変な状況だとなるわけです。日本社会はこの何年間かほとんど経済成長しませんでした。成長しない状況は、安定しているとも考えられるわけです。そういう観点から見れば、この三〇年間、ろくなことが起きなかったけれど安定していたとも捉えられます。逆に三〇年間成長しない状況は、これほど困ったことはない、不安定だとも取れる。同じ現象が安定とも取れるし、不安定とも取れる。そうした二重性が出ている時代とも言えます。

平野 僕は一九七五（昭和五〇）年生まれのロスジェネ[5]と呼ばれる世代です。ロスジェネについて、あまり言われていないことが一つあります。この世代は、バブルが弾けた結果、就職活動の時期に酷い目に遭いました。しかし、少年時代から一〇代の前半にかけて、八〇年代の好景気を経験しています。ですから、ロスジェネは、かつて抱いていた未来像との大きなギャップを生きている。そこが辛いところです。

大澤　そんなことになるとは、つゆとも考えていなかった事態が起こったわけですからね。

平野　ぼんやりとではあっても、そうなるはずだと思い描いていた未来が訪れなかった。大学を卒業すれば仕事が当然あって、きっと親世代よりもよい生活を送れるだろうと思っていた。それが大学卒業の時期に、就職氷河期が突然やって来て、そうはいかなくなった。就職できない人たちもたくさんいて、社会に居場所がなくなってしまった。

しかし、その後、平成の時代に生まれた若い人たちは、バブルも経験していませんから、経済的には低成長、政治や社会に関しては、今のような状態がずっと続いている。ギャップも経験していないですから、社会状況はずっとこんなものではないかという感覚を持っているでしょう。ネットという閉塞感を打ち破ってくれるものは存在しているけれど、将来像は最初からバラ色ではない。

第二次安倍政権は、二〇一二（平成二四）年から二〇（令和二）年まで続きました。平成生まれの人たちは、政治意識が芽生える一〇代後半頃から八年続いてきた安倍政権とそれを引き継いだ菅政権によって、政治とは、こういうものなのかという感覚を植え付けられているかもしれませんが、それでは困ります。つまり数の力さえあれば、少数者の意見など聞きもせず、自分たちのやりたいように進める。また、自分たちにとって都合の悪いものは隠蔽し、公文書を改竄《かいざん》までしてしまう。国会でも首相自らが散々ウソを吐いて、議員辞職もしない。政治腐敗も、矢継ぎ早に起こせば、追及の手が足りなくなって、そのうち忘れてくれる。

大澤　当然ですが、基本的な認識は、過ごしてきた時代の社会環境によって大きく異なります。

平野　若い人たちの中には、平成を「失われた三〇年」なんて、勝手に年長世代に名づけられたくないという人たちもいて、それは確かにそうでしょう。自分たちなりに工夫して、その時代を生きてきたわけですから。

大澤　確かに「我々は失われた時代しか生きていないのか」と言いたくなる気分は理解できます。二〇一一年の三・一一の前ですが、NHK放送文化研究所の、先ほども参照した「日本人の意識」調査の生活満足度に関する部分を見て、驚いたことがあったのです。そして生活満足度に関しては、他の調査でも同じような内容を聞く傾向があることがわかりました。「あなたの生活は幸せですか」や「満足していますか」といった質問を五段階くらいで評価してもらう調査です。極めて定番の意識調査で、調査結果も同じような傾向がずっと続いていたのです。ですから僕は、この調査自体にあまり興味がありませんでした。ところが、僕が常識だと思っているパターンと違う状態になっていることに気がついたんです。僕が常識と考えていたパターンは、横軸に年齢をとり、縦軸に生活満足度をとると、高齢者ほど生活満足度が上がる傾向があるので、右肩上がりのグラフになります。どんな調査でも同じ傾向でしたから、「人間とはそういうものなのさ」みたいな気分でいたのです。

しかしながら、論文を書くために久しぶりに生活満足度のデータを見ると、僕が認識しているものとまったく違うグラフの形になっているのです。はじめは調査の時期など、いろいろな要因があって、その調査だけが異なるグラフの形になるのかと考えました。それで類似の調査をいくつも調べてみると、全部同じ傾向だったのです。横軸に年齢をとり、縦軸に生活満足度をとると、U字型、あるいはV字型、つまり若い人と高齢者の満足度が高くて、三〇代、四〇代が不幸を感じている傾向が強いのです。いつからそうなったのかと遡って調べました。すると、九五年のオウム真理教による地下鉄サリン事件の頃がターニングポイントになっていました。先ほどの「日本についての自信」が最低になった時期に近い。厳密に言えば、その時期に五年くらい先立つ時期です。

平野　ロスジェネ問題とも関係がありそうですね。

大澤　そうなんです。まず、僕が何に驚いたかというと、自分が大学を卒業した八〇年代と比べて今の若い人のほうが、自分たちの状況を「より幸福だ」と感じていたことです。自分の学生時代と比べると、経済的停滞も続いていますから、今の若い人たちを気の毒だと僕は思っていました。ですから、彼らの幸福度の高さに驚いたのです。どうしてこうなったのか。

僕が大学を出た八〇年代は、大半の人は取り立てて不幸なわけではなかった。しかし、今の若い人より、現状を「不満」とか、「不幸」と見なす人の割合が高く、あるいは、同時代の高齢者よりも、「不満」だという人の比率が高かった。どうしてそうなるのかと言えば、これからもっと豊かになる予定でいるからです。だから現状に満足できないわけです。たとえば、これから社会的に大きな仕事をするだとか、お金持ちになる予定ですから、今の生活に満足していないと答えることになる。それは未来に対する希望の反作用です。

ところがロスジェネ以降は、人間がどんどん豊かになることが前提という社会への期待はなくなり、未来がよくならないのが普通だという認識になってしまったのです。将来、自分の身によりよいことが起きそうだという希望や期待がないので、現状ですでに満足する、というわけです。

平野　その認識は、若い世代の間では、かなり広まっているでしょうね。

大澤　その認識が判断基準となって、今満足できなかったら永遠に満足できない状況だからこそ、今に満足するしかない。もともと高齢者ほど生活満足度が高くなっていたのは、高齢者は残りの人生が短く、現状から大きな変化がないと感じているからです。日本では、ある時期以降、そうした感覚を、若い人たちの多くも持つようになってきている。強く時代の転換を感じました。

対米従属というコンプレックス

平野　もう一つの平成の特徴は、グローバル化が非常に進展したことです。インドの経済学者であるアマルティア・セン(6)に言わせると、グローバル化はいつの時代にもあったのだということになりますが、地球の「一個性《いっこせい》」とでも言うべきものをとても強く意識させられるようになった。

日本は明治以降、基本的に欧米を参照してきました。明治初期の岩倉具視たちの使節団もアメリカから始まり、ヨーロッパに行って、かなりの時間を過ごしています。彼らは、大きなカルチャー・ショックを受けて、具体的には不平等条約の改正を念頭に、どうすれば欧米の「近代」に追いつけるかを考えました。その後、日本は敗戦によって大きな挫折を経験しますが、戦後はよりアメリカに依存しながら、どう発展していくかを考えてやってきました。その結果、ようやく一九八〇年代に「日本スゴイ」とアメリカ人に言われて、自信を持つようになった。

しかしそれが今、さらにグローバル化が進み、中国や韓国といった、近代以降ずっと「半開」だ「野蛮」だと見下してきたアジアの国々が日本を上回るペースで経済発展をし始めた。そのとき、日本は滑稽なくらい動揺しましたね。今やGDPでも中国のほうが経済大国であることは明らかです。さまざまな経済指標において中国に追い越され、その差は広がる一方ですが、未だに「中国は日本より後れた国」といったイメージから脱することのできない人たちが日本には少なからずいます。一見、発展しているようでも内実は酷いのだと、この間、「中国崩壊論」がどれほど出たことか。世界の中で日本のGDPの伸びだけが停滞している「一人負け」の現実から目を背け、中国や韓国の発展は、何かの間違いであってほしいと祈り続けている。

政治的にアメリカに屈従していることへの心理的なバランスを、アジアに対する差別意識で取ろうとしても、もはやよほどの世間知らずでない限り、現実はそれを許してくれない。二〇一〇年代以降、特にそれが酷くなって、末期症状としか言えない状況です。

大澤　冷戦が終わったあとの世界や社会の基本のダイナミズムに対して、僕らがどういうふうに対応したかったかという意識があって、それが時代に反映していると思うのです。

平野　平成ほど「希望」という言葉を人が使いたがった時代もなかったのではないでしょうか。小説を書いていると、読者の反応が如実です。とにかく小説の結末に希望があるかどうかを、多くの読者が非常に気にします。文壇は概してそれに鈍感でした。けれども、そこに読者の切実なものがあると考えなければ、今の現実を捉えられない。僕自身も最近、小説の終わり方をすごく考えるようになりました。

大澤　そうなんですか。先ほど僕が言及した生活満足度や幸福度の調査の結果と符合していますね。現在の若者は、たとえば八〇年代の若者と違って、自分の将来にもっとよいことがあるという希望をもてないがゆえに、現状への満足度が高くなってしまうという話です。日本人は、今、希望が枯渇し、希望に飢えている。

それからアメリカのことですが、確かにアメリカは近代以降、日本にとってずっと重要な参照項でした。けれど時代によってアメリカの意味も変わってきます。特に戦争をして、その後が重要で、政治学者の白井聡さん(7)が言っているような「永続敗戦」(8)の問題もあります。この点を認めた上で、僕が思うのは、こういうことです。一九八九年一月に昭和天皇が亡くなって昭和が終わり、平成に変わりました。偶然ですが、それから少し経って、一一月にベルリンの壁崩壊が起こり、冷戦が事実上終わります。日本の対米従属はなお続いているんですけれど、冷戦が続いている間の対米従属とそれが終わってからの対米従属のあり方は、日本にとってかなりの違いがあると思うのです。

日本は戦争に負けたにもかかわらず——アメリカにだけ負けたわけではないのですが——、戦後はアメリカの助けなしにやってこられなかった。アメリカに対して複雑なコンプレックスを日本は抱いています。しかし冷戦下であれば、日本の対米従属に対してそれなりの意味づけができました。卑屈な理由で従属しているのですが、アメリカも戦略上、日本を必要としており、日本としては、西側世界に対しては、政治的、地政学的な役割を果たしている自己認識を持つことができたわけですし、そう主張もできました。日本の防衛を、そのまま、アメリカを盟主とする西側世界の対共産主義国との対決姿勢と重ねることができたからです。

ところが冷戦が終わってなお対米従属を続けている今の状況は、日本としては、セルフィッシュなもの以外の理由を見出せないのです。ここが一番苦しいところです。対中関係をはじめとして、アメリカにとっては、依然として日本に基地があることは戦略上有意味ですが、そのアメリカの戦いに日本は自ら参加しているという意味づけができない。アメリカの戦いと日本の防衛は、別のことになってしまっているので、日本は、アメリカの戦略に便乗している、という感じです。こうなると、対米従属している自分に自尊心を維持できるようなポジティヴな価値を見出せず、どうしたらいいかわからなくなってしまっている。日本はこういう立場であり、だからアメリカと協力して、同盟しているんだ。そう誇りを持って言えないまま、自分探しを続けている日本。そうした印象を持っています。

世界でも突出した中国嫌い

平野　最近、中国で自分の本がよく翻訳されていて、中国の人たちと仕事をすることも多いんです。そこで感じるのは、中国には独特のプラグマティズム（実践主義）が存在していることです。まあ、上海とかの一部の大都市を知っているに過ぎませんが。ですから今後、政府レヴェルでは、米中の争いは続くでしょうけれど、ビジネスの面では、アメリカ人と中国人は結構気が合うのではないかとも感じます。両者とも、自分たちに役立つ新しいことに対してとてもオープンですし、チャレンジ精神もある。そして今、中国で見られる経済的な成功の物語は、昔、アメリカンドリームと言われていたものとよく似ています。リスクを取ってチャレンジして、成功したら英雄になる。ただ、失敗する人たちも星の数ほどいる。政治体制はまったく違うけれども、資本主義のダイナミズムが、日本では潰えてしまったような億万長者の夢を見させている。

そういう面を見ていると、両国はビジネスを中心に、案外うまくやっていく可能性があるのではないかという気もします。日本は、その間に挟まっている状態で、うまく関わっていく道しかないはずですが、依然として、もはやその意味を失ったまま、おっしゃる通り、冷戦構造の中での位置づけにしがみついている。中国脅威論は冷戦時代の共産主義から、経済的な急成長、軍事的な覇権主義、人権問題と力点を変えつつ、さまざまに語られてきました。根拠のある話もありますけど、そもそも第二次世界大戦で侵略したのは日本の側で、この加害者側の不安感情と嫌悪感というのは独特です。中国の現政権の個別政策に対する批判を超えて、国家そのものの否定論、果ては中国人そのものの否定論が、歴史修正主義と結託しているケースもある。

大澤　アメリカのピュー・リサーチ・センターというシンクタンクが世界の約四〇ヵ国で行っている、親米度と親中度を五段階評価で調べる調査があります。若干、内容が異なりますが、二〇一三年と二〇一九年に実施しています。アメリカが好きといった人から中国を好きといった人の割合を引き算して、どちらがどれくらいの差で好まれているかを見ている。この値がプラスになる国では、アメリカのほうが好かれているし、マイナスなら中国のほうが好かれています。世界全体の平均としてはまだアメリカが勝っているのですけれど、でも圧倒しているというわけではありません。すごくアメリカ嫌いの国もありますから。

ただ、そのアメリカと中国への好悪の差が世界一大きかったのは、日本です。二回の調査のどちらでも、日本が一位で「親米度マイナス親中度」の値が大きい。

特に重要なのは――親米の度合いも大きいことは大きいのですが――、親中の度合いが低いなんてものではないくらい低いんです。要は嫌中度が異様に高い。二〇一三年の調査では、中国好きの人の割合は、世界平均五〇％前後に対し、日本では五％。一桁台は日本だけなんですね。歴史的に見て、日本は主として中国から文明的なものを学んできたにもかかわらず、です。これは、どう考えても中国に原因があるのではなく、日本側の事情によるものです。他の国ではそこまで中国嫌いの割合は高くないわけですから。

さらに今、中国の経済成長のお陰で日本の経済もなんとかもっている部分も大きい。ですから、この中国嫌いは、すごく情けない理由からのものでしょう。西洋コンプレックスをずっと引きずっている日本は、アメリカやイギリス、フランスやドイツなどに勝てなくても仕方がないとどこかで思っています。でもそうした各国からなる優等生グループの末席くらいには加えてもらえないかという気持ちはずっと持ち続けています。

平野　明治以来の「名誉白人」的な意識ですよね。

大澤　そうでしょうね。世界の先進国グループは、欧米ばかりで、アジアの国は他には一つも入っていないのに、日本だけが入っている。そんな捉え方ですよね。それが大きな自慢の種だったのですが、最近、中国がそこに入ってきて、すごくショックを受けている。だから、嫌い。そんな状態だと考えられます。

つけ加えておけば、戦後ずっと日本人は中国が嫌いだったわけではない。たとえば一九七〇年代の末期——中国では文化大革命が終わったばかりの頃——の調査では、中国に好感を持っていると答えた人は八割くらいいて、圧倒的に日本人は親中です。つまり中国が貧しく、経済的にも政治的にも日本より弱者であるときには、中国が好きだったのに、中国が強くなったら嫌いになっているのですから、情けないとしか言いようがありません。

イチローに見る今後の生き方

平野　しばらく「日本スゴイ」コンテンツがテレビや雑誌、書籍などを席巻しました。コロナで「オワコン」になったという声もありますが。

日本にまだ自信があった一九八〇年代後半に、僕は一〇代でした。その当時、音楽やスポーツを見ていると、アメリカに対する圧倒的な「かなわない」という感じがありました。たとえば、八五年にアフリカの飢餓救済プロジェクトとして、「We are the world」という曲がありましたけど、全盛期のスティーヴィー・ワンダーや、マイケル・ジャクソンたちが一堂に会して歌っているのを聴いて、これはもう日本のポップスは未来永劫、アメリカには勝てないと圧倒されていました。

日本のプロ野球選手がメジャーリーグに挑戦するにしても、当時は日本で現役を終えたような人が、最後に渡米する、という感じで、当然、ダブルA、トリプルAといったマイナーリーグで一所懸命がんばるものの、そこで終わりというような感じでした。映画でも何でも、とにかくアメリカが圧倒的に「スゴイ」という印象を強く持っていて、日本を「スゴイ」と感じたことはまったくありませんでした。伝統芸能とか浮世絵とか、京都のお寺とか、そういうジャンルで尊敬されていることは知っていましたが。

だから今、大谷翔平選手のように、アメリカ人も驚嘆するような選手がメジャーで活躍しているというのは、やっぱり「スゴイ」と感じます。もちろん、それは大谷選手個人が「スゴイ」のであって、日本人全員が「スゴイ」わけではないですが、野茂英雄選手が道を切り開いて以降、メジャーで活躍する選手も増えましたから、それは日本のプロ野球界全体のレヴェルアップということもあるんでしょう。

ただ保守派が言っているのは、そういう話でもないですよね。もっと、日本の「伝統文化」に根差したものの価値を強調していて、「日本に生まれてよかった」とまで言うのですから。大谷選手がどんなに「スゴイ」と認めても、それは「日本に生まれてよかった」にはまったく結びつきません。そして、この「日本に生まれてよかった」が、日本に生まれてもいないのに、この素晴らしさを勝手に享受しようとしている奴らは許せない、という排外主義のメンタリティと表裏を成している。

それに、「日本スゴイ」は、必ずしも自然発生的な社会心理ではありません。これは、編集者の早川タダノリさんが指摘していることですが、二〇〇〇年代の初頭から行われていた官製の「国家ブランディング」戦略は、マスメディアの「日本スゴイ」ブームと同期的です。「軍事力や経済力といった強制や報酬ではなく、文化力といった日本の魅力」を強化する、という、当初の国際的なソフトパワーの獲得戦略は、第一次安倍政権時に、「未来に向けた新しい日本の『カントリー・アイデンティティ』、すなわち、我が国の理念、目指すべき方向、日本らしさ」（安倍内閣総理大臣所信表明演説、二〇〇六年九月二九日）という国家理念の創造へと飛躍しています。そして、この日本及び日本人らしさとして、日本文化の伝統を支える価値観としての「自然との共生」が中核的な価値に据えられるようになった、と（早川タダノリ「日本人のつくり方」WEZZY連載）。

この官製「国家ブランディング」の「日本スゴイ」は、結果としては、凋落著しい日本の現実から目を逸らさせ、「スゴイ」と言い続けることで、自公政権にとっては、三〇年にわたる失政の責任を問う声を抑圧するという実利がありました。メディアがそのことにどの程度、自覚的だったかは検証が必要でしょうが、ともかく、その文脈は大谷選手が「スゴイ」という話とは、まったく接点を持ち得ないわけです。

大澤　一つポジティヴなことも言っておきたいと思います。今、メジャーリーグの話が出てきましたが、もしこれからの生き方のモデルとして、一つのいい形があるとすれば、野球選手のイチローもその一人に挙げられると思うんです。大谷選手の二刀流の活躍もめざましいのですが、その先人として長年実績を積み重ねたイチローに注目しておきたい。イチローは、平成を代表する人は誰かといったアンケートの上位にも入ってきます。ご存知のように、イチローはアメリカのメジャーリーグで大記録となる好成績を残したわけですが、数字には直接表れない、彼のスタイルに大きな意味があると思うのです。

たとえば松井秀喜と比べてみましょう。松井は、人間としても立派ですし、アスリートとしても確かにすばらしい選手です。かなりの成績も残しました。けれども、ホームランバッターとしてアメリカへ渡り、メジャーリーグで戦ったとき、かなり苦戦もしたと思うのです。ヤンキースという強豪チームで活躍するのは大変な苦労があったでしょうが、ホームランの実績で言えば、アメリカではもっとすごい選手がたくさんいるわけです。すると、みんなはっきりとは言わないけれど、内心では、やはりアメリカはすごいと思ったはずです。日本で一番ホームランが打てる選手でも、アメリカに行くと、上には上がいるんだなと、圧倒される感を持つと思うんです。

しかし、イチローのやり方はこれとは違った。イチローがすごいのは、もちろん彼がたくさんのヒットを打ったこともそうですが、それ以上にベースボールというスポーツの考え方というか、楽しみ方、その基本設定を変えたことです。イチローはいわば、ベースボールというものを定義し直したと思うのです。

アメリカにおけるベースボールは、基本的に力と力の勝負です。ピッチャーは、要は猛烈に速い球を投げ、それ故にこそ効果を持つ鋭い変化球も投げる。バッターもこれに力で対抗する。力で対抗するということは、基本的にはホームランを打てるかどうか、それが勝負になっている。極端なことを言うと、ホームラン以外は当たり損ねくらいな感覚を持っている人さえいるでしょう。とにかく力対力が野球の醍醐味だと思っている人が多い。プレーしている選手も、見ているファンも、です。

こういう野球観が支配的であるような世界で、イチローはホームラン以外のもの、たとえば内野ゴロでも野球としてのおもしろさや厳しさがあり得ることを示した。普通のバッターであれば、内野にボテボテのゴロを打ったら、その瞬間に、勝負はもう決まってしまっています。ピッチャーの勝ち、と。しかしイチローの場合は違う。イチローが内野にゴロを打てば、その瞬間に、野手にも観客にも緊張が走る。これからが勝負だからです。イチローが野手からの送球より少しでも早くベースに駆け込めば、ヒットになる。野手は、少しも気を抜けないし、見ている側は、すごく興奮する。アメリカ人も、イチローによって、こういう野球の楽しみ方があるんだと気づかされたと思うんです。アメリカで主流だった、力と力の勝負だと、野球というのは基本的にはピッチャーとバッターの一対一の勝負です。他の野手は補助的な役割しか果たさない。つまりは球拾いです。しかしイチローの野球では、バッターであるイチローと野手全員とが勝負していることになります。

イチロー自身がどう考えているかはわかりませんけれど、イチローのこのようなやり方は、日本社会の野球のコンテクストでしか生まれなかったタイプのもの、ものの見方であるような気がするんです。アメリカでベースボールをずっとやっていても、ああいう野球の楽しみ方を身につけられるかというと、そうはならないのではないでしょうか。イチロー自身はバットにボールを当てるのは得意ですから、ホームランを狙おうと思えば狙えるんですよね。日本にいるときは、年間二〇本以上打ったこともあります。練習のフリーバッティングのとき、イチローの打球があまりにたくさん柵越えするので、皆、驚くそうです。だから、メジャーリーグでオールスターのときのホームラン競争に出たらどうか、なんていう話さえありました。イチローが断って実現しませんでしたが。要するに、イチローだって、ホームランを狙うタイプの野球ができないわけではなかった。

しかし、彼はその方法では超一流は難しいと考えたのではないでしょうか。だから彼は、違うタイプの野球をやった。まず、バットに当てて、一塁により速く走る野球を極めていった。もちろんイチロー個人の才能や努力があってこそですけれど、ここには日本的な文化的背景や思考様式も無意識の内に活きていると考えられます。しかもそれは伝統芸能のように日本でしか通用しない話ではありません。野球はホームランだけではなくて、ヒットの数を競ってもおもしろい競技だということを、アメリカ人にもすぐに納得させることができた。環太平洋地域中心に行われている国際的なスポーツの中で一つの新しい評価が与えられるわけです。

つまり、すごく日本的で特殊な考え方と国際的に通用する普遍性とが、直結している。僕は彼のやり方は、日本の特殊性と国際的に通用する普遍的な価値との両面をつなぐやり方のモデル、日本人の今後にとって示唆に富むモデルとなり得る、と考えています。

平野　野球のルールがどうして今のようになったのかは、歴史的経緯をたどると、いろいろとおもしろいんですね。振り逃げなんて発想がどこから出てきたのか、とか。それでイチロー選手が登場して思ったのは、野球の黎明期に、フライと同じように内野ゴロは補球した段階ですべてアウトというルールにしてもよかったはずなんです。だけど、野球のルールをつくってみて、大澤さんがおっしゃったように、内野手が拾って送球したボールとバッターランナーとどちらが先にファースト・ベースにたどり着くかという競争に、当時の人たちはおもしろみを感じたのでしょう。だからイチロー選手は、ある意味で野球の起源に遡行して、その楽しみ方のポテンシャルをあらためて掘り起こしたんだと思います。それが彼の存在の説得力だったのではないでしょうか。

大澤　そういう点では、大谷翔平選手の二刀流もそうですよね。当初の野球にはあったはずの魅力を、発掘してあらためて提示してみせている。おもしろいのは、イチローの場合も、そしてたぶん大谷の場合も、そうしたことがなし得た背景に、日本の文化、日本的なものの見方や態度があった、ということです。野球だけではなく、どの分野でも似たようなことがあり得るのではないでしょうか。

平野　アートでも、たとえば、森山大道(9)や荒木経惟(10)の写真が世界的に急激に評価を高めた時期がありました。二〇〇〇（ゼロ）年代当時、写真がストレートフォトかアートとしてのフォトか、と二極化していきつつあった状況の中で、森山さんや荒木さんの写真は、写真そのものとしての力を持ちながら、現代アートの文脈でも語れるという魅力が新鮮な印象を与えていました。

彼らのような作品がどうして出てきたかと言えば、一つには、日本ではカメラ会社が雑誌を持っていて、メディアがあったんですね。森山さんは典型的ですけれど、そこで写真そのものに「さようなら」するほどに前衛的な実験を続けることができた。そうした特殊な環境の中から、アートかストレートフォトかという二極化とは異なる、世界の写真史の虚を衝くような作品が生まれてきた、ということはあったと思います。これはあまりにメディアに寄り過ぎた説明で、森山さんの作家性の一端にしか触れていませんが、こういうローカルな条件から独自の表現が現れたということは、今後のヒントにもなると思います。

大澤　個人の問題を超えて、さらに国の政治のレヴェルで考えなくてはいけない状況を考えると、冷戦体制の下では、日本は自分に与えられたポジションにいるだけで、西側陣営の極東支店という意味が得られました。しかし今、支店としての位置づけを失いつつある。アメリカのトランプ前大統領が言っていた「アメリカ・ファースト」を支持するアメリカ国民は、国論を二分するほど多数いました。つまりアメリカは自分のことしか考えないと言っているのに、「それでも私はあなたから離れない」と言って追いかけているストーカーまがいの行為をしているのが日本です。

そのようなあり方から抜け出て、グローバルなゲームの中で、日本がどういう貢献をするか。いわばイチローがベースボールの本質を根幹から見直して、それに新たな定義を与えたように、僕らもグローバルな世界の中で、今までのプレーとは異なった形で意味を見出せるような振る舞い方ができるかどうかだと考えています。そうした行動ができないと、自分探しをしている日本は今のポジションも失うことになり、苦しい状況に置かれるでしょう。

平野　世界で紛争が頻発する中で、日本がどのような役割を果たすかといった議論はずっと続いています。北欧の国々のように仲裁に立ったらよいのではないかなど、いろいろなアイデアがその都度出されました。しかし、そうした可能性を探ることこそ、本当は平成の間に取り組むべき課題だったはずです。

また、日本のアメリカへの依存は止まりません。沖縄が典型ですが、アメリカが基地のグアム移転を検討していても、外務省をはじめむしろ日本政府が米軍に撤退しないでくれとお願いをしている。完全な倒錯が起こっています。辺野古の基地移転についても、軟弱地盤で不可能だとわかりきっているのに、結局、工事を止めるためには、ホワイトハウスに請願書を送らなければならない状況です。

大澤　戦略として日本政府に請願書を送るよりホワイトハウスへ送るほうが効果的なのがわかっている。それが現状ですよね。主権国家としてどうなのかという事態が日本においては起こっています。主権国家の中で起きている問題を解決するのに、自国の政府に訴えても解決しないから、自分が選ぶこともできない別の国の大統領に申し入れに行く状況は、それだけで、この国はどうかしているのではないかと言ってもいいでしょう。植民地化されているような状態です。

天皇制をどう捉え直すか

平野　平成や元号について考える上では、どうしても天皇についても考えざるを得ません。

大澤　第一章で触れた日本の歴史観の更新のためにも考えざるを得ないでしょう。現在の上皇が、天皇の時代にしようとしていたのは、戦後を終わらせることだったと思うんです。第二次世界大戦でたくさんの死者が出た土地へ次々と行幸しましたが、それは戦後を終わらせるためだった。戦後レジームからの脱却などと言って、戦後を終わらせると勢いづいている人たちは、どちらかというと、先の戦争を肯定的に捉えていたり、戦争を思い出さないことで戦後を終わらせようとしています。しかし上皇は、そういう人たちとは逆の方向で戦後を終わらせようとした、と僕は捉えています。

女性の天皇や女系を認めるかといった問題も含めて、天皇という存在や制度をどう考えるか。天皇が万世一系の神話を持ち、多くの日本人がそれに強い思い入れを持っていることをどうしていくかが大きな課題です。

男系の血が脈々とつながっている、その物語が、日本人の自慢の種であり、それを拡大すると、純血日本主義のような考えにもつながっています。今後、天皇制を維持するにしても、その制度に対する僕らのコミットの仕方が問題になってきます。もし天皇制を維持するのであれば、「万世一系」とは別の強い意味づけによって制度の価値を認める必要がある、と僕は考えています。なぜなら僕らは今後、日本を、純血性の枠にはまったく収まらない多様な人たちが共存し、さらには彼らを日本人として包摂する社会にするしかないわけですから。

幸いなことに、上皇は国際主義者で、コスモポリタン的なところすらある。二〇〇四年の秋の園遊会で、当時、東京都教育委員だった棋士の米長邦雄さんが、教育の場で必ず国旗を掲揚し国歌を歌わせるようにしますと、当時は天皇だった上皇に話しかけると、上皇がやんわりと、強制ではないことを望みますと言いました。上皇ほど、凡百の右翼から遠い人はいません。

平野　上皇は天皇の時代に、ネット右翼から「反日」と批判されたことさえあります。

大澤　上皇は、「桓武天皇の生母が百済の武寧王《ぶねいおう》の子孫であると、続日本紀に記されていることに、韓国とのゆかりを感じています」と話されています（天皇在位中の二〇〇一年のご自身の誕生日〔一二月一八日〕に際しての会見より）。万世一系の天皇の血の中に朝鮮半島からの血が入っていると公然と認めているわけです。上皇のほうが、純血性にこだわる気はないと意思表示をされている。もし天皇制を続ける場合、その考えをベースにして、逆にいろいろな国から来た人たちが、自分も日本人だと思えて、連帯できる図が描けないと、この国はおしまいということになるかもしれません。

平野　一九七五年生まれの僕は、天皇に対してあまり関心が高くありませんでした。ただ、昭和の終わり、つまり昭和天皇が亡くなったときは、あの物々しい雰囲気の中で、その存在を強く意識しました。また、たまたま昭和天皇が亡くなる直前に、ビルマに戦争へ行って帰ってきた祖父が亡くなったので、自分の中で昭和の終わりを強く意識させられました。しかし僕より上の世代の左翼が持っていたような天皇制に対する強い反発の感覚を、僕は自分の成長の過程では持たなかったんですね。

昭和天皇が神格化された理由の一つは、国民との間に距離がつくられ、その存在が秘匿されたことです。結果、宗教的に神秘化され、天皇と国民との間にいる人たちが、メディアとしてその威を借りて振る舞うようになった。今の上皇が、天皇だった際に意識的に国民の間に姿を現し続けていたのは、やはりその反省があったのだと思います。勝手な神格化のイメージをつくらせない、という意味で。現前することで昭和天皇が行った「人間宣言」を、より具体的に実行し続けたのではないか。そして最後に高齢という理由で天皇を退位するというのは、僕には二度目の「人間宣言」のように感じられました。

大澤　なるほど、その通りですね。

平野　年をとって最後は亡くなる。それは身体を持った人間の帰結です。ですから歴史的な天皇制に対する批判とは別に、今の上皇個人になかなか反感を抱きようがないところはあります。

大澤　本当は昭和天皇の退位で戦前を総括すべきでした。しかし昭和天皇のときにはうまくいかなかった。だから昭和天皇を父に持つ今の上皇が、戦後を終わらせるための努力をしていた。ただ、今上天皇にそうした意識があるかどうかは未知です。しかし三代も続けて、天皇に戦後を終わらせる作業を頼っていてもしようがありません。

平野　今の上皇の発言は、天皇だったときには、しばしば政治的に強いインパクトをもたらしました。それをリベラルと呼ばれている人たちまでもが積極的に持ち上げていたことには、まったく感心できませんでした。今の天皇がどんな考えなのか、次の天皇がどうなのかはわかりません。ですから、時の天皇の発言が、自分たちの考えに近いからといって、それを政治的に歓迎することは憲法上、間違っています。

大澤　天皇個人についていいという考えと、天皇制自体がいいというのは別問題ですからね。

僕の若い時代は、左翼は基本的に天皇制反対でした。いつの間にか左翼も含めて天皇制に賛成という状況になっています。ただ、以前の左翼も、天皇制がなくならない限りで天皇制に反対と言っていた節があります。だから、この問題も日本が戦後に考えなくてはならない問題を放置し続けた結果生じていることであると考えています。

平野　結局、元号の問題もそうです。令和への改元の際、当時の安倍首相が、五月から改元するにもかかわらず、四月まで発表しないことにしました。当時は、システムエンジニアをはじめ、多くの人が批判していました。ですが、それが原因で、元号を使う機会はまたガクっと減ったと思います。現代のシステムや世界的なネットワークに対応するためには西暦で運営するしかありません。平成以上にますます今が令和何年か、わからなくなると思います。公的な書類を書く場面がなければ、ほとんど意識をしないわけですから。

大澤　ただ、どうやら日本人は元号というものにどこか愛着がある。日本や日本人といったものに愛着を抱き、なんとかそれをよくしたいという気持ちがあるようです。だから、この思いがある間は、それを生産的に昇華させたい気分もあります。ラディカルに「日本も日本人も今後はなくなる。インターナショナルなのだから、そんなことにこだわるな」と一気に進もうとしても、第一章でも触れたように、現状ではそれはエリートだけが気持ちがよくなるような社会をつくろうと言っているようなものです。それが反動で、現状より強固な「ジャパン・ファースト」のようなものを生み出し、その結果として右派の力が強固になり、より排外的な集団がさらに大規模に組織されるような事態は避けなければなりません。

日本人としてこの場所で何らかの誇りを持ち、世界に貢献したい気持ちが我々にあるのであれば、今後の方針に関して、こう思います。やがて何%かの人口が外国に由来を持つ人たちになるでしょうから、先ほど述べたようにそういう人たちも含めて、私は日本人であると、ポジティヴにコミットできるような何かをつくっていく必要がある、と。その「何か」とは何かを論じ始めると、また長い時間が必要になりますから、ここでは詳しく論じられませんが、日本人という文化的でもあれば政治的でもある特殊な共同体にコミットすることで、普遍的に価値のあることができる、というねじれたルートがないと、外国に由来する人までをも惹きつけることはできません。

たとえば、僕の考えでは、憲法は一つの手がかりなんですね。憲法をなんらかのかたちで修正するにせよ、あるいは変更なしで維持するにせよ、憲法には、日本の固有の歴史性と普遍的な理念の両方が交わっているので、憲法を、日本人が真に主体化して、それに準拠した政治的な提言なり行動なりを海外に向けても取ることができれば、それこそ、コミットできる何かになります。

　そのためにも、とりあえずの策として、これから入って来る外国出身の人たちも含めて日本にコミットでき、日本を新たにつくり変えていくための触媒として、これまで日本で使ってきた天皇と連動している歴史の数え方である元号をもうしばらく使ってもいいのではないか。そこを起点として生ずる大きな流れの中で、やがて元号なんてものにこだわらなくても西暦二千何年を生きている日本人になっていくことができればいいのではないかと考えています。

第三章

世界から取り残される日本

あの三島がその三島になった理由

二〇二〇年は、三島由紀夫が自衛隊市ヶ谷駐屯地で割腹自殺してから五〇年に当たる年だった。第一章と第二章でもしばしば三島への言及があったが、大澤氏には『三島由紀夫ふたつの謎』（集英社新書、二〇一八年）、平野氏には『三島由紀夫『金閣寺』――絶対性を滅ぼす』（NHKテキスト〈100分 de 名著〉、二〇二一年）という著書がある。この第三章では、三島を導入に対話を開始し、あらためて日本、そしてコロナ禍の世界について議論が展開した。

三島由紀夫は何を遺したのか

大澤　一九七〇年一一月二五日、作家の三島由紀夫は、自らが主宰する「楯の会」のメンバーとともに市ヶ谷の陸上自衛隊駐屯地で東部方面総監を人質にとり、自衛隊に決起を呼びかける演説をしました。しかし、彼の演説はまったく聞き入れられなかった。そして三島は、最後は割腹自殺を遂げました。

二〇二〇年はこの三島事件から五〇年でしたから、さまざまな取り上げられ方をしました。ここまでの章では少し長い時間軸で話をしてきましたが、本章では、まず三島について考えることから始めて、戦後の日本やこれからの社会について考えていきます。また、そもそもどうして三島について考えるのかを含めて話をしたいと思っています。

平野　僕が、三島を好きなのは、『仮面の告白』が典型的ですけれど、ヨーロッパ文学を豊かに吸収して自家薬籠中のものとして、日本の近代文学に新鮮な表現をもたらした点にあります。これは、スケールは違いますが、僕が森鷗外が好きな理由でもあります。ですから、六〇年代後半から、三島が急速に反動化して日本と日本人ということに拘《こだわ》りだしてからは、いろいろと疑問があります。「文化防衛論」を読んでも、日本の文化を、文化的天皇を中心にして、その全体性、主体性、再帰性という概念で説明しようとする辺りは、かなり苦しいものを感じます。政治思想的にも、自分とは反対の立場になってしまいましたが、しかし、だからこそ、あれだけの知識を持ち、作品を生み出した人が、どうしてそういう考えへと傾斜していったのかに、強い関心を持ってきました。

大澤　三島は、一九二五（大正一四）年に生まれています。よく指摘されることですが、翌年は昭和元年であり、彼は昭和の年号と同じ年齢を、戦争を挟んで生きたわけです。彼を参照することで、第二次世界大戦後の日本、そして今の日本をあらためて捉え直すことになるのではないか。その点を、平野さんと解き明かせていければと考えています。平野さんは、三島事件があったときは？

平野　まだ生まれていません。

大澤　僕はまだ小学六年生でしたが、社会的に大変な事件が起きたことは肌で感じました。もちろん三島について学問的に、また思想的に考えるような年齢ではありませんでしたが。事件当時、多くの人が三島のこの行動に対して感じたことは、極端なアナクロニズム（時代

三島由紀夫《みしまゆきお》略年譜

1925年	東京生まれ（1月14日）。本名、平岡公威
44年	学習院高等科を首席で卒業。東京帝国大学法学部法律学科独法に入学
47年	東京大学法学部を卒業後、大蔵省に勤務するも9ヵ月で退職、執筆生活に入る
49年	最初の書き下ろし長編『仮面の告白』を刊行
51年	『禁色　第一部』刊行
53年	『秘楽——禁色　第二部』刊行
54年	『潮騒』（新潮社文学賞）刊行
55年	「白蟻の巣」（岸田演劇賞）発表
56年	『金閣寺』（読売文学賞）刊行
59年	『鏡子の家』（第一部、第二部）刊行
61年	「十日の菊」（読売文学賞戯曲賞）発表
65年	ノーベル文学賞最終候補に残ったと報道される 『サド侯爵夫人』（文部省芸術祭賞）
66年	『英霊の聲』刊行
68年	「文化防衛論」を『中央公論』に発表
70年	「果たし得てゐない約束——私の中の二十五年」を『サンケイ新聞』に発表 『豊饒の海』第四巻「天人五衰」の最終回原稿を入稿した後、陸上自衛隊市ヶ谷駐屯地で自決（11月25日）

錯誤)だったと思います。あの時点で、戦後二五年も経っている。つまり、天皇制ナショナリズムや皇国史観は、二五年前の敗戦のときに捨て去った。にもかかわらず、「天皇陛下万歳」と叫んだ後に自決した三島は、著しくアナクロニズムに見える。ただ、その後、随分と時間が経ってからですけれど——敗戦と三島事件を隔てる時間と同じ長さの時間が三島事件の後に経過した後ですけれど——一九九五年にオウム真理教による地下鉄サリン事件が起こった際、三島の自決を思い起こして、彼のアナクロニズムは、普通とは逆の意味でもあったかもしれない、つまり三島がむしろ時代を先取りしていたという面があったかもしれない、と思うようになりました。一九七〇年の三島事件から二五年後に地下鉄サリン事件が起こった。それからまた二五年が経った今、いい意味か悪い意味かは別として、三島のアナクロニズムは時代精神の先取りだったのかもしれないという認識を持っています。

平野 僕自身は、三島事件の五年後に生まれていますので、そのインパクトを直接は経験していません。それでも小学生だった八〇年代には、まだ十数年前の出来事ですから、事件を生々しく覚えている人たちがいました。学校の教師の中には、三島という頭のおかしな作家がいて、自衛隊に突入して割腹自殺したなんて話をしている人もいました。その断片的な情報だけを聞くと、どんなクレイジーな人だったのかなと、奇妙な興味を覚えました。

その後、中学生になると、『金閣寺』に衝撃を受けて、三島文学にのめり込んでいくわけですが、僕が強く惹かれたのは、先ほども言った通り、戦後しばらく、特に昭和三〇年代半ば頃までの三島の作品にあった詩的な豊饒さと文化的なシンクレティズム、そして、その根底にあるニヒリズムでした。そのニヒリズムについての典型は『鏡子の家』ですが、なんのために生きているのかといった、戦後の虚無感が、僕自身が大学生になる頃までに感じていた当時の日本のニヒリズムと重なっていたのだと思います。

前章でも話しましたが、一九八九年に東西冷戦が終わり、日本が「自分探し」を始めた時代です。九〇年代には、対米従属から距離をとり、東アジアの中でしかるべき立場をとるという方向性もあったはずです。一九九三年の河野談話以降、そうした方向も模索されていました。アジアにおける関係構築がうまくいっていれば、今の政治状況や外交、中国や韓国との関係、また、アメリカとの関係も随分と違っていたでしょう。しかし保守の側からの反動も起き、今の政治状況に至っています。

また、経済的にもバブルが崩壊し、今後日本がどういう方向に進んでいけばいいかわからなくなった時代でした。他方、インターネットもまだごく一部の人が使用していたに過ぎません。そういう中で、特に大学生活の終盤には、就職難という現実的な問題も起きましたから、若い人たちの間に、強い閉塞感と一種の虚無感が広まっていました。なんのために生きているのかという実存主義的な問いが、それこそアナクロニックに立ち現れていました。

大澤　三島は、ニヒリズムに惹かれながら、ニヒリズムを乗り越えようともしていると思います。しかしその乗り越えは、ニヒリズムを単純に否定するわけではなく、ニヒリズムそのものの徹底化によって成し遂げられる。それはニヒリズムが持っているポテンシャルを十全に引き出すことによって、ニヒリズムを美学的に転換するという形態をまずはとったと思います。三島の美学には、「破壊は創造以上に創造的である」といった逆説がある。破壊そのものが、それだけが、最も完全なる美を創造する、みたいなね。

ところで、オウム真理教による無差別テロ、地下鉄サリン事件のとき、きっと多くの人は、一九七二年のあさま山荘事件をはじめとした連合赤軍事件をまず連想したと思うんです。僕も実際、オウム教団と連合赤軍とを類比させたりして、そのことは当時、本にも書きました。しかし僕は、本当は、あさま山荘事件の二年前の三島事件のほうをより強く想起しました。オウム真理教団は、世界最終戦争というファンタジーを抱いていました。彼らは、もうじき始まる、いやすでに始まりつつある世界最終戦争の一環としてテロをひき起こしていたわけです。この彼らのファンタジーがいかに陳腐であったとしても、そこでは、世界を破壊すること自体に救済が求められていたわけです。世界の破壊そのものが、理想のユートピアの創造なのです。オウムの特徴は、世界最終戦争の後にユートピアが建設されるのではなく、最終戦争による破壊それ自体がすでにユートピアである、という感覚があることです。

三島に戻ると、彼の失敗したクーデターは、世界を破壊しようとしているわけではないかもしれないけれど、三島の思想には、世界の中核の部分を破壊することによる救済というような幻想があるように思います。たとえば、ご指摘の『鏡子の家』では、登場人物の一人にはっきりとそういう思想を語らせている。その人物は、存在するものすべてが無意味だというニヒリズム、サルトル(1)が『嘔吐』で説いたような、存在への嫌悪感を持っているわけですが、世界は必ず破滅するという確信を持っていて、その確信によって救われている。『金閣寺』でも、主人公は金閣寺を燃やして破壊することで、美としての金閣寺をむしろ完成させ、そして三島は、最後に、自分自身も割腹して破壊しようとする。そのように世界の最も重要な核を破壊することで、美のイデアを逆説的に取り戻し、ニヒリズムを内在的に突破する。そういった精神を持っていたのが三島であり、今の僕らが置かれている状況に対する感覚と共振する部分もあると思っているのです。

平野　僕らの少し上の世代では、ポストモダニズムをめぐる議論がとても盛んに行われていました。僕は京大に進学しましたから、批評家の浅田彰[2]さんの存在感も当時は大きかった。「軽やかに」といった言葉や「逃走」といったキーワードがまだかろうじて生きていましたけど、僕はとても、そういう言葉で自分の人生を受け止めることができませんでした。そういう発想で、そもそもどうやって食べていけばいいのか。

一九九〇年代前半頃までは、フリーターという生き方もそれまでの雇用形態とは違う、新しい生き方だと肯定的に捉える風潮がありました。しかし、一九九七年、損失隠しの不正会計が発覚して山一證券が自主廃業に追い込まれたことに象徴されるように、不況の二番底が訪れ、非正規労働者は、次第に追い詰められていきました。そんな中で、社会における自己の存在が不安定になります。すると、自分とは何かと、アイデンティティをめぐる問いが立ち上がってきます。

そのときに僕は、戦後の一種のニヒリズムの中で三島が思考していた「自分とは何か」「これからどう生きるべきか」という問いが、とても生々しく感じられたんですね。しかしその三島が後年、なんのために生きているのかという問いを、彼が言うところの「大義」に結びつけて、天皇制に回帰していく、また、文化的には純粋日本志向とでも呼ぶべき虚構へと傾斜してゆくことに、やはり、違和感を覚えました。ですから僕は、ずっと「なぜ、あの三島がその三島になってしまったのか」に関心を持っているんです。

あの三島はなぜその三島になったのか

大澤　僕も「なぜ、あの三島がその三島になってしまったのか」という問題意識を持っています。三島の中で主観的には両者は必然的につながっていたとしても、客観的には「あの三島がその三島にならない」可能性もあったのではないか、というのが僕の考えです。紙一重ではあるけれども、「その三島」ではない別の三島があり得た。そのことを証明し、現実には、そうはならなかった「別の三島」を救い出すために、僕は『三島由紀夫 ふたつの謎』を書きました。

三島が文化的であると同時に政治的でもあるテロを起こしてしまったため、彼の作品は、どうしても当時の社会状況や戦後史と結びつけて読まれがちだけれど、三島ほど、本来、現実の状況そのものに対して主体的にコミットしていない人は珍しい。彼はしばしば、実際の社会的な事件や状況を題材にして、エネルギーやインスピレーションを受けて作品を書いていますが、どんな出来事もあくまで自分の観念の世界の問題として捉え直し、完全に再構成しています。並の作家であれば、そういうことをすると社会的なアクチュアリティ（時局性）から離れたつまらない作品になります。しかし、三島の場合は逆です。現実の状況に対して距離があった分、観念的に非常に完成度が高いものになり、現実そのものが孕んでいた意味よりもずっと豊かなものが作品の中に宿り、現実以上にアクチュアルなものになる。だからこそ、今、三島から半世紀以上も離れた世代の中にも、すごくシンクロする感覚が得られる人たちがいるのでしょう。

平野　カール・シュミットは、「政治理論とロマン主義」の中で、今、言われたように、現実を何でも芸術創作の「機因」にしてしまって、政治的には無力なロマン主義者を批判しています。興味深い点は、三島自身が後年、このシュミット的な問題意識に立って政治へのコミットメントを強めていっていることです。

それはともかく、僕と近い世代の作家では、中村文則(3)さんや田中慎弥(4)さんなども、三島をよく読んでいます。僕たちより少し上の世代は、中上健次(5)をスターにして、三島に対しては反発するようなところがありました。中上自身は三島の影響を受けているのですが。

大澤　平野さんより上の世代は、三島事件に断片的にでも衝撃を受けた記憶や実感があると思いますから、どうしても三島を避けてしまうのでしょう。中上自身は、三島を意識していたことは明らかです。けれど中上と三島は資質がまったく違いますから、中上がいくら意識しても彼が、日本の文学や思想の中で三島の代替としての意味を持つことにはなりません。それが平野さんたちの世代になると、三島事件は事実として知ってはいても、とりあえず括弧に入れて三島の作品を読むことができる。その点では、三島作品を読みやすかったのではないでしょうか。

平野　僕は先ほども言いましたように、美的な文体とニヒリズムへの共感から三島に興味を持ち、その三島が日本へと回帰してしまったところに違和感を持っているのですが、日本社会のほうも、九〇年代以降、国家的なアイデンティティ、あるいは社会的な個人のアイデンティティの喪失から、反動的に国家や、捏造された「伝統的な日本」へと回帰してしまいました。ユーチューブなどでは、「憂国の志士」としての三島への共感も見られます。三島が回帰しようとした「伝統的な日本」も、多くは彼の戦中体験に根差した、近代以降の日本です。彼の天皇観自体、歴史性よりも神話性を最大限強調しています。

ただ、およそ古典など読まないまま、日本の文化伝統を主張して、うっかり近代化以降につくられた習慣などに着地してしまう保守とは違って、三島はあの世代の文学者としては、非常によく古典を読んでいました。そこが、彼の天皇観を見るときにも、いつも不思議なところです。「文化的天皇」とは、結局のところ、誰なのか？　彼が愛した『大鏡』の中に、「文化防衛論」で語られたような天皇が出てくるのか？

僕は「『金閣寺』論」（『モノローグ』講談社、二〇〇七年所収）の中で、天皇のメタファーとして「金閣寺」を捉えることができるのかを論じました。三島は、少なくとも戦中的な「絶対」の象徴に「金閣」を据えて、『金閣寺』を書いたのでしょう。執筆時点で、どこまで「金閣寺」を天皇のメタファーとして意識していたかは判然としませんが、振り返るとそのように読めます。しかし一九五〇年代に「金閣寺」を燃やす小説を書く行為は、実は、戦後の青年たちがもっと早い段階でしていたことのいわば追認でした。つまり多くの人たちが、もっと早い段階で戦後民主主義へと思想的な転回を遂げていた。しかし三島は戦後一〇年ほど、少なくともその経験を書くことをためらっています。そして『金閣寺』の執筆によって、ようやく天皇を中心とした戦中的なるものを滅ぼし、「生きよう」という決心のもとに『鏡子の家』を書く。そして、その主題は「ニヒリズム」だと明言しています。

三島は、「身を挺する」ものを求めて、身悶えする若者たちを描いています。

なんのために生きているのか、三島の言葉で言うところの「大義」がなくなったあと、多くの人は政治的には戦後民主主義に適応し、経済的には資本主義体制の下での出世を人生の目標とし、文化的には大衆消費社会に順応していきます。三島は、そのいずれをも空虚と感じつつ、彼なりに、適応の努力をしています。そうした社会から作品の主題を探しますし、自分自身もメディアの寵児《ちょうじ》となり、社会と戯れながら生きていく道を模索している。ですが、本当のところ、メディアに出て騒がれても、別におもしろくなかったのだと思うんですね。

大澤　きっと、そうでしょうね。

平野　目立つのが好きだったというのは確かでしょうが、本当に得たかったのは、ノーベル文学賞への強い拘りからも見て取れる通り、作家としての評価でしょう。

大江健三郎さんの世代は、戦後を民主主義の時代と捉えて、政治的に社会適応することを目的化できました。けれども三島の場合は、民主主義に対して根深い不信感がある。彼が努力したのは、どちらかというと、アメリカナイズされた資本主義の大衆消費社会への適応でした。だからこそ、嫌気がさしてくる。三島はジャズやロック、あるいはダンスホールに代表されるような、身体感覚を伴った戦後の娯楽を、心からエンジョイしたことはなかったでしょう。スポーツは、武道系の競技を通じてアクセスできましたし、思想的にも大きな影響を受けていますが。

セクシュアリティの問題に関しても、マイノリティの権利の尊重が社会的に重視されるようになってきた現在とは大きく状況が異なっています。『仮面の告白』の主題は、戦争体験と共にセクシュアリティの問題で、主人公は非常に悩んでいます。女性を愛するには愛しているのだけれど、性的指向が合致してくれない。そこで『仮面の告白』は終わっています。しかし、その後に書いた『禁色』では、アンダーグラウンドのゲイ・コミュニティに主人公が自由に出入りして、『仮面の告白』であれほど苦しんでいたセクシュアリティの孤独は、ある程度解消されています。しかし現実の社会では依然としてタブーでしたから、ホモセクシュアリティが社会に露見してしまうことへの不安が作品の中で強く描かれています。

ですから、多くの人が「本当の自分」として戦後社会を謳歌している中で、三島はやはり、そのこと自体に偽善性を感じていたと思います。実際は、自由だ、解放だと言いながら、社会的には性的マイノリティを排除していたのが戦後社会でしたから。『禁色』では、それをマジョリティの偽善であると批判しています。

三島のセクシュアリティの問題は複雑で、『仮面の告白』でさえ、単純に「同性愛」を描いた小説として読むことに僕は異論があり、むしろ主題は、異性愛者でありながら、性的指向が同性に向いてしまうということなのではないかと考えていますが、いずれにせよ、堂本正樹さんの『回想 回転扉の三島由紀夫』（文春新書、二〇〇五年）などを読む限りでは、三島本人も自分のセクシュアリティについて、実存的な問題として、文学的に主題化する必要を強く感じていたのだと思います。

すると、戦後社会を「本当の自分」として謳歌する状態はなかなか手に入れ難く、文化的にも、セクシュアリティにおいても、二重生活を強いられる状況があった。三島が少年時代、非常に病弱であったことも含め、ヴァルネラビリティ（vulnerability：脆弱生）を持って、戦後社会を生きていて、しかも彼は、その社会に過剰適応しています。男らしさを最大限強調し、軽薄さを愛するかのようにメディアで振る舞って。

大澤　作家や思想家がものを考えていくプロセスで、もともとの問題がいろいろな形に置き換わったり、変容したりします。そのとき、より拡張され、普遍化する場合と、矮小化されてしまう場合とがある気がしています。たとえば『仮面の告白』を読むと、三島のセクシュアリティの問題は、現在、僕らが関わっているLGBTQの問題とつながる部分もあるんだけれど、それとも異質なものを感じます。LGBTQに引きつけ過ぎてしまうと、三島のおもしろさが少し消えてしまう感じがするんです。

たとえば『禁色』の後に『金閣寺』を置いて考えてみましょう。『金閣寺』の問題も『金閣寺』だけ読むと、一見、完全に美学の問題に見えるわけです。一方、『禁色』からの連続性を見ると、女性の問題と絡んできて、そこにはセクシュアリティの問題があるわけです。ですから逆に『仮面の告白』の中にあったセクシュアリティの問題は、『金閣寺』の中で、美学のそれへと転換していっているとも捉えられる。この転換は、豊かな転換だったと思います。セクシュアリティの問題だけに特化しながら作品を書いていくよりも、また違った普遍的なものへとつないでいった、三島の思想的な深まりを感じます。

それから、平野さんの洞察通り、『金閣寺』の金閣寺が、後年、天皇へと転換していくことになったのは間違いないと思います。ただ、平野さんとは意見はわかれるかもしれないけれど、『金閣寺』を書いていた段階では、三島は天皇のことは考えていなかったのではないかと思うのです。しかし、後から振り返ると、結果的に天皇につながるものが『金閣寺』に存在していたことは確かです。だから『金閣寺』を読むと、三島の後年の行動の意味がわかってくるところもあることも確かです。この点に関しては、むしろ三島にとって、『金閣寺』の問題が天皇へと置き換わってしまったと言えると思うのです。僕は、この置き換えによって、三島が『金閣寺』のときに見出していた主題の一部が——本人も気づかぬくらい微妙な点が——脱落し、今度は問題が矮小化されてしまったように感じています。そして、その脱落した部分に、先ほどの「その三島」ではない「別の三島」の可能性が宿っていた、というのが僕の見立てです。

平野　三島の天皇制への期待に関しては、二方向からの考えがあります。一つは、ヴァルター・ベンヤミン(6)の「神的暴力」――つまり法を措定し、民衆に犠牲を強いる「神話的暴力」に対して、法を超えた正義としての「摂理」の暴力――という概念と、かなり近いものを天皇に期待しています。

三島と福田恆存(7)との対談「文武両道と死の哲学」（『若きサムライのために』所収）の中で、三島は「天皇というのはアンティ（反）」なんだと言っています。「『道義的革命』の論理」では、「天皇信仰自体が永遠の現実否定」とも語っています。現体制が腐敗したときには必ず天皇の錦の御旗の下で革命を起こさなければならない。それが三島の考えです。だから共産党でさえ、現体制を否定するのであれば天皇の名の下に革命を起こすべきだと彼は主張します。天皇という存在は、本来的な姿に立ち戻るための一種の暴力としてあることを強調するんです。ですから「われわれの持っている心理に対するアンティ、われわれの持っている道徳に対するアンティ」を天皇が代表していなければならないと、三島は言います。三島は「文化防衛論」を書いた時点では、ベンヤミンの「暴力批判論」を読んでいませんが、蔵書を見ると、後には入手していたようです。ただ、全集を見ても、言及はありませんが。一方で、興味深いのは、天皇の「色好み」を「みやび」として強調するわけです。三島は、政治的に日本の堕落に対する嫌悪感を持っていたのと同時に、自由なセクシュアリティの受け止め先としても、天皇という存在に大きな期待をしていました。ただ、天皇そのものというより、『古事記』の世界を念頭に置いていたようですが。現代社会の多数派が抱いている心理や道徳に対するアンチとしての天皇の機能です。

ですから、戦後日本の政治空間やアメリカナイズされた資本主義的な文化にも馴染めない自分、社会的に疎外されていると感じる自分を本来的に受け止めてくれる場所として、天皇という存在に大きな期待を寄せています。

そういう点から考えると、切腹も形式としては政治的なものですし、メディア志向の振る舞いとも言える。そして、何を狙っていたのかと言えば、具体的にその後のプランは何もなかった。最初から死そのものを社会に突きつけるつもりだったことは、「檄《げき》」を読めば明らかです。腹を裂いて、自身の内臓を公共の中心でさらけ出す行為は、プライヴェートな部分を吐露する行為とも言えます。そうしたわかり難さが、三島事件に思想的な深みを与えていると思います。

大澤　ベンヤミンの「神的暴力」については、僕は、何かを考える際に補助線としてよく言及してきました。しかし三島を考えるときに「神的暴力」について考えたことがほとんどありませんでした。そういえば、二〇二〇年は、ベンヤミン没後八〇年でもありました。ベンヤミンの絶筆となったエッセイ「歴史の概念について」の中に「今の時」(Jetztzeit)という概念がありますね。歴史を振り返ると、過去の中に今の時が充ちている、自分とは直接的には無関係な古い過去なのになぜか今と共振するものが見つかってしまうといった趣旨です。ベンヤミンの考えでは、しばしば革命のときに、今の時が見出される。というより、今の時を見出す認識の転換と革命は同じことの表裏である、という直観があったように思います。

たとえば、フランス革命時のロベスピエールは、古代ローマに「今の時」を見たと。フランス革命の英雄であったロベスピエールには、帝政によって消えてしまった共和政が「今の時」を含む過去として浮かび上がって見えていたといったニュアンスです。つまり歴史的な共振です。同じように僕は、九五年の地下鉄サリン事件で七〇年の三島事件に「今の時」を見たし、そして現代でも、三島に「今の時」を見る感覚を持っています。

平野　現在の問題との関わりで考えると、今のナショナリズムへの回帰と三島の思想的な変遷が軌を一にしている点は、「今の時」の感覚に結びつきますね。ただ、今の日本のナショナリズムとあわせて考えると、あまり明るい話ではありません。

大澤　そうですね。三島の最後の暴挙の中には、ベンヤミン的に言えば、「神的暴力」につながる部分と、「神話的暴力」につながっていく部分と、両面があった気がします。神話的暴力は、さらに法維持的暴力と法措定的暴力に分類されます。法維持的暴力は論外ですが、もともと、法措定的暴力と神的暴力との区別は、理論的にも非常に難しい。並の思想家だったら、政治的に有意味な暴力は法維持的暴力と法措定的暴力の二種類だけになるところですが、ベンヤミンは、法措定的暴力とは区別された神的暴力があるということに賭けているわけです。三島に戻ると、彼の「暴力」には、法措定的暴力と神的暴力が区別されずに一体化していると思います。僕は先ほどから、三島には、自分自身では自覚することなく二つのヴェクトルが紙一重の差異を保って共存していたという話をしていますが、ベンヤミンの概念を使って言えば、それらは、法措定的暴力に向かうヴェクトルと神的暴力に向かうヴェクトルだと言うことができます。三島事件というのは、檄文をはじめ、憲法改正や国軍の問題など、そういう誰でも考えつきそうな訴えより、割腹自殺という死に方にインパクトがあるのです。自衛隊の決起を呼びかけたものの失敗した結果、割腹自殺をして内臓を晒す、首を斬る。前者の言語化された主張よりも、後者の自殺という行為にこそ、三島らしいところがある。この部分にこそ、他の右翼にはない、三島的なプラスアルファがあるわけです。
　三島は、たぶんベンヤミンを読んでいないと思います。しかし僕らがベンヤミンというものを知った上で考えてみると、三島が考えた、天皇を中心とする国を復活させる目論みは、ベンヤミン的に言うと、法措定的な暴力、つまり「神話的暴力」と考えられます。しかし、そこから溢れる三島のプラスアルファ、つまり三島の割腹自殺には、「神的暴力」としての側面があるように思います。かなりグロテスクな領分ですけれどね。平野さんがおっしゃるように、三島の中においては、「神話的暴力」ではない、「神的暴力」につながる部分があったと思います。

平野　三島については、あえてそこに押し込むと矮小化してしまうかもしれないけれど、「神的暴力」を行使すると、法を措定し、結局、「神話的暴力」とならざるを得ないのが共産主義革命であり、それに対して、「道義的革命」は一種の部分否定であり、切腹のような形で、むしろ「神話的暴力」の処罰に服するのが道義だ、という考え方をしています。『英霊の聲』で、二・二六事件を引き起こした将校たちも、「神的暴力」を行使したために、「道義的に」自己処罰しなければいけない。さもなくば、ベンヤミン風に言えば、自分たちからもやがて「何か腐ったもの」の臭いがしてくるから、という理屈です。

三島と今のナショナリストたちのどこが違うかというと、三島は「日本スゴイ」という感覚、特に戦後の日本がスゴイといった感覚をまったく持っていません。基本的に三島は、戦後日本社会の全否定ですから。三島の認識は、戦前のドイツの保守革命派とも通じる本来的な生といった発想が強い。つまり、今の生きている状態は、本当の自分ではない、本当の日本の姿ではない、本来に立ち返るべきだというものです。しかし、現在の日本社会に蔓延している「日本スゴイ」という風潮は、夜郎自大の現状追認に過ぎない。そこが、三島と大きく異なる点です。

連帯を阻むものの正体

大澤　三島は「破壊そのものが美の創造である」といった逆説的な美学の持ち主であり、ドラスティックで劇的な破壊への意志を抱えていたわけです。ですが、やはりそれは特殊なものであると言わざるを得ません。

今回のコロナ禍において、我々は危機的な状況に置かれました。人類は今まで、これほどグローバルな広がりを持つ破壊は経験していません。二度の世界大戦でさえ、今よりもっと酷い破壊ではあるものの地球全体や人口の全体から見れば局所的な出来事です。

それに比して、コロナによる危機は、地球上の約八〇億人に対する危機であり、今までにない大きな破壊です。たとえば三島の『鏡子の家』の登場人物のニヒリストは、破壊に対して美学的に憧れています。しかし現に破壊というものがこうしてやって来ると、ロマンチックに憧れるようなものではないのだと痛感します。

平野　その破壊は、政治権力者側の都合で大きくなっているところもあると思います。アメリカの民主主義を視察したフランスの政治思想家トクヴィル(8)は、絶対権力者が統治するためには、民衆が自分を愛してくれる必要はまったくない、ただ、民衆が互いに愛し合うことをしなければ十分だと言っています。日本やアメリカで起きた状況は、かなりこの考えに近いものではないでしょうか。つまり、権力者が具体的な対策をとれば、それに対する責任が当然発生します。しかし緊急事態宣言を出せば、経済的なダメージになるから、あれだけ強権的な安倍政権でさえ、当初は尻込みしていました。感染症対策がうまくいかなければ、結局は政治的なダメージになります。ですから、その責任を負わされたくないなら、感染症対策を、どこまでも個人の責任にするしかない。感染拡大の原因は、規律を守らない個人にあるといった意識を植えつけ、内面化させる。こうして国民間の分断と相互監視が生じました。

市民同士が愛し合うことさえしなければ、政権は安泰ということです。

　緊急事態宣言は、文字通り、「緊急」的な感染症への対策です。人の動きを止めれば、接触機会が減り、感染が収まっていくのは当たり前ですから。しかし、感染を抑えつつ経済活動を再開する施策は、相当知恵を絞って実行しないとできない。それには、どういう具体策をとるかという問題もありますが、責任主体として実行したときに、市民の不満がすべて政府に向けられます。その責任を受け止めることを表明しなければならない。しかし責任から逃れるために、当初は、感染拡大の原因は自粛のお願いを守らない個人にあるという形で、不満の対象を市民の間に拡散し、自己責任化しました。

大澤　コロナの問題では、市民同士の連帯か市民間の分断かが問われているわけですよね。そうした危機はグローバルな問題として起きているので、私たちが国家を横断して協力したり、階級の格差を越えて連帯したりできるかどうかに鍵がある。人類は今、その岐路に立たされています。しかしこういう問題の設定自体は、別に高名な哲学者でないとわからない、あるいは特別な知識を持っていないとわからないようなものではなく、誰もが思いつくことです。人類全体が協力して、連帯することでしか対応できない問題、それがコロナであり、グローバル化の下での感染症です。一部の裕福な人や一国だけが安全であったりしても、それだけでは問題解決とはいきません。というか、一部の人だけの安全、一国だけの安全というもの自体が、あり得ない。争っている場合ではないことは誰にでもわかる、残念ながらたくさんいる愚かな政治家でさえ本当はわかっていることです。

しかし、誰もがわかっているのに行動へ移せないのです。我々がコロナ禍以前から抱えていたさまざまな葛藤、たとえば米中関係であったり、国内はもちろん世界的な極端な格差、また環境問題に関連する利害の対立が、コロナ禍を前にして解消されるほうへと向かっているかと言えば、逆です。中でも環境問題は、このままでは一〇年後や二〇年後には地球規模の危機的な状態に陥ることさえ予測されているのに、それぞれの国益との関連で、国家同士が激しく対立し、駆け引きをしてきたわけです。そこにコロナのパンデミックという、それ自体、環境問題の一つと見なし得る困難が襲っているというその最中に、いよいよ国家の間のそれまでのいがみ合いや紛争が消え去るかと思いきや、まったくそうはならない。要するに、このコロナという大問題に対しても、連帯より分断に向かう動きのほうが優勢です。どうしてなのか。それは「何か」が連帯に抵抗しているからです。その「何か」とはなんなのか。

平野　市民の分断という意味では、責任をどのように分散化していくかといった戦略の中には、外国や外国人に責任をなすりつける、ということもありました。たとえば、コロナは中国の責任だとことさら強調する。これは日本だけでなく、コロナの発生当初は、各国で深刻なアジア人差別が見られました。そうした動きが世界的な連帯に向かうことを阻んでいる一つの原因ではないでしょうか。

「生政治」が生み出す社会の分断

大澤　今回、コロナ対策として起きている事態は、ミシェル・フーコーが述べた「生政治」(Bio-politics) の一種です。生政治というのは、政治権力が、国民の生、すなわち国民を生きさせるということに中心的に配慮しながら、国民を管理している状況です。近代以前の権力は、生かすことではなく、むしろ殺すことで管理していた。権力側は、臣下や民衆に対して、生殺与奪の権利を握ることで、彼らを支配したわけです。反抗的な人や罪を犯した人を罰したり、殺したりすることで、己の権力を誇示する。それが最も重要な力だったわけです。しかし近代になり、権力は、国民を生かすことを主な目的とするようになります。今回のコロナの問題は、典型的な「生政治」的状況です。

コロナ禍を迎え、このフーコーの概念を創造的に継承し、とてもすばらしい研究をしてきたイタリアの哲学者、ジョルジョ・アガンベン(9)は、生きることを土題にした政治は、必然的に人間を分断するという点を指摘しつつ、イタリア政府のコロナ対策を批判しました。ある共同体にとっての生は、別の共同体の生を相対的に低く見積もることを意味するので、「生政治」は人間の絆を必ず分断するように機能する。「生政治」が浸透している現在、国民の生命は最も価値ある重要な要素です。命のためには他のものを犠牲にしてもいい。近代以降を生きる我々の中には、単に動物として生きること以上に至上の価値はないという考えが埋め込まれていますから、政治の目標もそれが最重要になります。だから今回、人類が歴史的に獲得してきた権利、たとえば移動や集会の自由などが奪われても多くの人たちは許したわけです。

一方、生そのものが政治の目標であれば、たとえばワクチンをめぐり、どの国の人が、あるいは誰が優先的に使うかという課題に直面します。その結果、究極的には必ずや人間というものを分断する方向にしかつながらないと、アガンベンは指摘します。アガンベンが特に痛ましいこととして批判したのは、死者を悼むこと、つまり死者と別れ、まともな葬儀をすることさえも禁じられたことです。

もちろんコロナに直面して、それぞれの「我々」の命を守るために、一定の連帯は見られました。局所的に見れば、普段ではあり得ないレヴェルの献身的な助け合いも見られました。しかしいずれにせよ、現代の政治は「生政治」以上のものにはならないし、「生政治」としての限界を超えられないとも思います。「動物として生きる」ということ以上の価値を人が見出すのは難しいでしょう。三島のように死んでもいいから、この価値のほうが大事だ、などというものは、今や多くの人にとって存在しない。

平野　ハラリは今後、ＡＩとロボットが人間の仕事のかなりの部分を代替してくれることになると、国民全員に遍《あまね》く教育をする必要も、健康の面倒をみる必要もなくなると予測しています。国民の生産性を高め、国家全体の生産性を高める必要がこれまではありました。しかし、それが必要なくなる、と。社会が自動化され効率化されていけば、金持ちはその環境で生きていけますから、貧しい人や社会的に不遇な人をケアするインセンティヴが社会から失われていくのではないかと懸念しています。とても悲観的ですが、コロナの問題で、その一端が垣間見えた気がしました。

僕たちは、役に立つかどうかで人間を社会的に評価することに対しては強い反発があるにもかかわらず、やはり、どこかで自分は社会の役に立ちたいという気持ちを否定し切れません。ところが、社会の役に立とうとしているはずなのに、気がつくと、資本家の金儲けや一部の人間の贅沢のためにしか役に立っていないということがある。近年は、「やりがい搾取」、つまり人の役に立ちたいという気持ちにつけ込んで、労働力を搾取している状況も指摘されています。

また、ロックダウンという方法自体が偽善的だという指摘も早い時期からありました。「エッセンシャル・ワーカー」なんて呼んでいるけれど、結局は外で働かざるを得ない人たちをステイホームできる富裕層が利用しているだけだと。「生政治」と言いながら、その「生政治」でさえ、適応可能な構成員の顔ぶれを選別していこうとする力が、フーコーが議論していた時代以上に強くなり、今後切り捨てられる人が多数出てしまうのではないかと危惧しています。

さらに今までは、ロボットやＡＩの導入はひたすら人件費の抑制をめざしていて、経営上の合理化が目的でした。だからこそ仕事が失われる懸念が語られてきましたけれど、このコロナ禍で「エッセンシャル・ワーカー」と呼ばれる人たちのうち、たとえば薬局やスーパーのレジ打ちや、ウーバーイーツに代表される食事の配達や物流のために働いている人たちが、感染症の流行の度に健康の危険に晒される状況では、リスク管理の観点から、そうした仕事は自動化されたほうがいいという発想にもなります。機械による仕事の代替が行われることによって、レジ打ちの人たちが客に罵倒されたり、飛沫感染のリスクが軽減されたりするわけですから、悪い解決ではないかもしれません。実際に、アメリカのアマゾン・ゴーのようにレジのないスーパーは、品出しや提供する食品の調理など、バックヤードでたくさんの人を雇わないと運営できませんから、雇用自体は増える可能性もあると指摘されています。しかし仕事内容は変わるでしょう。

実際にそのような状況になったときに、労働の意味は問い直されるはずです。三・一一以降、共同体の構成員の選別が強い圧力で社会的に進んできています。日本人と外国人とで、受けられる社会保障に線引きをする、医療費の問題で、不摂生な食生活を送って糖尿病や腎臓病になった人は救う必要がないなどと、いくつものデマを含んだ意見さえ出てきて、問題になりました。そういう状況の中で今後、「生政治」的な観点からでさえ、構成員としてカウントする必要がある/ないという線引きがなされ、切り捨てられる人たちが出てくるのではないかと不安を覚えます。

ブルシット・ジョブをめぐって

大澤　先に、すごく基礎的で原理的な問題について言っておこうと思います。原理論としては、人間は、すべての動物の中で唯一、類的な普遍性、つまり人類というものを気にかける動物です。俗流進化論と言いますか、科学的に厳密ではない進化論のイメージの一つとして、動物たちが、「種」として互いに生存競争をしているかのようなイメージを描いている人がいます。たとえばライオンという種とシマウマという種が生存をめぐって争っているとかそんなことですが、動物たちは、同一種が連帯して、自分たちの生存や繁栄をめざすということはありません。

たとえばチンパンジーは、だいたい平均して五〇頭ほどの規模の群れをつくっています。たえず移動していて、群れごとに、あまり厳密ではない縄張りと言いますか遊動域がありますす。ですから、たまに異なる群れ同士が遭遇してしまうことがある。あるいは異なる群れの個体が、別の群れの遊動域に入ってしまうことがある。すると、血で血を洗うような争いが起こるんです。戦うのはオスだけです。メスは、自分の群れのオスを応援することはなく、全然知らない顔をしている。ともかく、異なる群れのオス同士が異様に暴力的な争いをして、時には殺し合いも起こります。このとき、チンパンジーは、チンパンジーという種の繁栄などというものに対して、いかなる配慮も感覚もない。実は、チンパンジーは、群れとしての連帯感もたいしたことはないのですが、いずれにせよ、他の群れに対しては、今述べたように、多分、自分たちの食料とメスたちを守ろうとする。要は、チンパンジーは、同じチンパンジーという種に属するからという理由で、他の群れのチンパンジーに同情したりはしない。

では、人間はどうでしょうか。人間も同じだ、と思うかもしれません。確かに人間もときに戦争をします。残念ながら、いつの時代も必ずどこかで戦争は行われています。人間が人間を殺すこともありますし、他者を排除したりしています。また、人間はそれぞれの共同体をつくって、たとえば「○○ファースト」と言ったり、友／敵といった区分も打ち立てたりする。

しかし、それでも、人間は、外部からの他者、客人を歓待したり、受け入れたりすることがある。あるいは、そういうことができず、他者を排除したり、殺してしまったりする場合でも、後ろめたさを感じます。つまり、人間は、相手に関して「同じ人間である」という意識を持ちつつ、その相手を排除することに少なからぬ抵抗感を覚えるわけです。そういう意味で、人間は、人間という類の普遍性を思う唯一の動物です。なので、僕は、フォイエルバッハ[10]やマルクス[11]の概念をわざと換骨奪胎して、人間は「類的存在 Gattungswesen」である、などと言ってみたりしています。僕は、そういう人間の性質に、最終的には期待しています。ですが原理的な問題とは別に、平野さんがおっしゃるように、実際に起きている出来事との間には大きな距離があるわけで、単純に楽観的になれないのも確かです。

また、「エッセンシャル・ワーカー」の話が出ましたが、このコロナ禍によって、仕事の意味を考えた人が多いと思います。「エッセンシャル・ワーカー」という言葉遣いが偽善的だという意見も当然あるでしょう。でも、実際に彼ら彼女らがいなければ、自分たちの生活が成り立たないのもまた事実です。

それと同時に「自分の仕事が本当に必要なのかどうか、意味があるのかどうか」と考えた人も多いと思います。現代社会において仕事は、たいていの人にとっては、自身のアイデンティティの最も大事な要素であり、尊厳や自尊心というものの核の部分にありますから、自分が意味のある仕事をしているのか否かという問いが立ち、自己反省の域に入ったと思うんです。

平野　コロナ禍の状況では、すべて「不要不急」か否かが問われることになりましたからね。

大澤　ええ。人類学者のデヴィッド・グレーバー[12]の『ブルシット・ジョブ』（岩波書店、二〇二〇年）が話題になりました。「ブルシット・ジョブ」の、文字通りの意味は「クソどうでもよい仕事」ということになります。そう聞くと、いわゆる「３Ｋ」（「きつい」「汚い」「危険」）の低賃金の仕事をイメージするのではないかと思います。しかし、グレーバーが取り上げた「ブルシット・ジョブ」は違います。その仕事がブルシットかどうか、仕事をしている当人です。つまり、自分の仕事は本当はまったく必要なく、もしこの世界からなくなったとしても困らないのではないかと自分でも認めているような仕事を指します。逆に労働条件が悪くて低賃金の仕事――先ほどのエッセンシャル・ワークに多いわけですが――に就いている人でも、自分の仕事が誰かにとって絶対に不可欠なものであるとわかっていれば、ブルシット・ジョブには入らない。

グレーバーが調べたところ、自分の仕事はブルシット・ジョブだという人が、実はかなり上位の中産階級の人が就くような仕事に多いのです。たとえば、大企業の中間管理職とか、なんとかコンサルタントとか、企業の法律顧問みたいな人とかに、ブルシット・ジョブは多いのです。それらは、大学生の三分の二ぐらいがめざしていそうな仕事です。グレーバーは、はじめ「ブルシット・ジョブ現象について」という小論をネットに発表したのですが、それがものすごい反響を呼んだらしいのです。ちょっとした調査でも、自分の仕事はブルシットだと思っている人が相当数いるらしいこともわかってきて、彼は大きな本を書きました。

グレーバーが最初の小論を書いたのは、二〇一三年で、本を出したのは二〇一八年です。邦訳はたまたまコロナ禍の中で出版されましたが、ブルシット・ジョブ現象は、コロナ禍以前から広がり始めていたことです。コロナのパンデミックによって多くの人が仕事を休んだり、部分的に控えさせられたりすることになり、もしかして自分の仕事がなくても世界から、本質的に重要なことは何一つ失われないのではないか、自分の仕事はなくなっても、世界は平気なのではないか、ということにあらためて気づかされた人がたくさんいるのではないでしょうか。「エッセンシャル・ワーカー」のほうが重要な仕事を低賃金で任されている。自分はその人たちの何倍も給料をもらっているのに、無意味なことをしていたのではないかと思ったのではないでしょうか。

これは今後、大きな問題になっていく可能性を秘めています。社会の中で冷遇されている人が酷い目に遭い、苦しんでいるのではなく、比較的厚遇されている人が、それにもかかわらず、すごく危機的な空虚感を持って生きている。そのことがコロナの問題で、はっきりと見えてきてしまいました。

平野　確かに仕事というものは、生きがいやアイデンティティとどうしても切り離せないところがあります。ハンナ・アーレント[13]は、レイバー（労働）とワーク（仕事）をわけて考えました。それとは別にアクション（活動）というのもありますが、ともかくその労働と仕事という二分法が社会的に形を変えて今、ブルシット的なものが無意味だと見なされていると思うのです。つまり、アーレントの説とは逆に、労働のほうがエッセンシャルなんじゃないか、と。

けれど、たとえばコンサルタントなどの仕事をしていて高い報酬を得ている人たちが、「自分の仕事なんてブルシットだ」なんて言っているのは、本気だとは思いません。結局は、アイロニーですよね。シニカルにそう言っているけれど、彼らが心の底から、ウーバーイーツの配達員のほうが社会の役に立っていて、偉いと思っているかというと、そんなことはないのではないでしょうか。どこかで彼らのことを蔑んでいるであろうし、自分は、今の贅沢な生活に見合うだけの仕事をしているとどこかで思っている。

政治哲学者であるマイケル・サンデル[14]の『実力も運のうち』（早川書房、二〇二一年）では、そういうエリートたちの姿が克明に描かれています。時々ほんの少し「自分の仕事なんて」と思ってみるくらいで、社会的地位や精神安定を図るために、自己防衛的に自虐的なことを言っているだけという気もしますが。

大澤　背景になっている文化にもよると思います。平野さんが指摘されるように偽善的にそうしたことを言っているだけの人もいるかもしれません。しかし、僕は、本当にそう思っている人もいると思っています。グレーバーは、イギリスで教えていましたから、彼が集めた聞き取り調査などは、主に、西ヨーロッパやアメリカのものだと思います（ちなみに、彼のネットでの小論の反響を受けて行われた、オランダとイギリスでの調査によれば、どちらの国でも四割近くの人が自分の仕事をブルシット・ジョブだとしている）。

仕事の意味づけということについては、文化的な背景によってかなり異なるでしょうから、日本で調査すると、また大きく違う結果が出るかもしれません。いずれにせよ、自分の仕事に本当に意味があるのかどうか、密かに不安感を持っている人は、いい仕事と世間的に言われている職業に就いている人の中にもいるのではないでしょうか。それでも収入がかなりあれば、まさにその収入を与えられることによって、自分は何かの役に立っていると思えたり、感謝されていることの証しと解釈したりして、不安を払拭することができるでしょう。しかし本当に自分が人類にとって、この世界にとって有意義な仕事をしているのかと考えたときに微妙な思いを抱く人もかなり多くいる気がします。しかもそれは、かなり現代的な現象ではないか。つまり、どの時代でもどこでもブルシット・ジョブが溢れていたというわけではない。

そして今回、コロナの感染拡大によって、地球規模でさまざまな経済活動が止まりました。そのとき、日頃、「自分の仕事に意味があるだろうか」と密かな不安を持っていた人たちが、本当に生きるか死ぬかという状況に陥ったとき、「お前は何もしなくていい」と言われるのだと、思い知らされたのです。コロナの感染の波が何度も繰り返される中で、社会はいろいろなジレンマに立たされてきました。その中でも、感染者が増える度に経済活動をどう続けるかが、大きなジレンマとなっています。経済的にも当然大きな問題ですけれど、経済活動が停止すると、仕事をしなくていいと言われた人たちは、いらない人になってしまうのです。普段の経済活動があって、給料が貰える限り、自分も社会や人の役に立っている重要性を自己確認できる。しかし、それが「不要不急」という言葉で奪われてしまうわけです。ですから今回の経験は、自分の仕事が真にブルシットなのかどうかを容赦なく自覚する人が増える転機になる可能性があります。

経済活動を早く戻したいという要望には、基本的には収入の問題が大きいのですが、同時に仕事をしなくてよい状況が続くと、自分の仕事に意味がないことが証明されてしまう可能性が高まるから、という理由もあると思うのです。仕事は単に経済活動だけではなくて、自己承認の契機であり、自身の存在意義を確認するためにも必要とされている。だからこそ、早く元に戻りたいという意識が働くのだと思います。

しかし、元通りになって、以前と同じ自己承認を再確立する必要もないでしょう。自分でも本当は意味のない仕事をしているなどと思っている人たちは、意味がないことをやめて、意味があると自ら確信できることをすべきですからね。つまり格差の上層部にいる人たちの中には、自分の人生のブルシット性を一瞬でも垣間見ている人がいると思うのです。その人たちにことさら、「あなた方の仕事にも意味がある」と言い、以前と同じ承認を得られる状態に戻す必要もない。ブルシットなものはブルシットなまま葬り去るような新しい社会を構想していけるほうがいいと考えています。

他方、格差社会の中で、「エッセンシャル・ワーカー」と言われて、感染のリスクに晒されながら、低い賃金で働いた人たち、あるいはこれまで、企業の雇用調整のために非正規で賃金を抑えられて働いている人たちは、今回特に酷い目に遭いました。そうした仕事に関わる問題に対応していく必要も当然あります。

平野　『空白を満たしなさい』（講談社、二〇一二年）という小説で僕は、二〇〇〇（ゼロ）年代のデフレ下で、労働――特に賃金を通じて、他者からの社会的な承認が得られない人たちが、ヘトヘトになるまで働いて、その疲労の蓄積から、かろうじて精一杯生きている実感を摑み、ますますワーカーホリックになっていく状況を書きました。

大澤　実際にそういう事態が起こっていますからね。

平野　日本では、家がもともとお金持ちだったりして、うまいことやっているような人を、社会的にあまり評価しません。逆に、たとえばスポーツ番組をはじめ、死にもの狂いの努力を強調して、クタクタになるまでがんばったかどうかで評価される雰囲気があります。だから「ブルシット・ジョブ」の人たちの自己評価が低いのは、一つの理由として、身体的な疲労感が「少し足りない」点があるのでしょう。ウーバーイーツで働いている人たちは、炎天下でも自転車でヘトヘトになるまで配達して回っているわけですから。自己承認を得る／得られない理由には、疲労の不平等のようなものが働いています。他者からの承認が得られにくい社会だからこそ、疲労感ぐらいしか自分の存在意義を確認する術がなくて、「肉体労働をしている人たちのほうが、自分たちより価値がある」と思う要因になっている気がします。

コロナが露わにした日本の凋落

大澤　コロナ危機においては、「アジアの中の日本」といったことを考えざるを得ない事態もいろいろとありました。

平野　このコロナ禍において痛感したことがあります。二〇〜三〇年前の日本であれば、西側先進国と同様の対策をとっていたでしょう。その結果、日本は東アジアの中で最も感染対策が成功した国で、中国や韓国は後れていると、そんな差別的な見地に立って自尊心が満たされる状況になったと思うのです。

ところが気がついてみれば、感染者が比較的少なかった東アジア、東南アジアの中でも、PCR検査については一貫して「成績」が悪かったのが日本の現実でした。以前であれば、他者を見下すことで、無自覚に保たれていた自尊心が粉々に打ち砕かれて、『ワシントン・ポスト』などでも日本ブランドの凋落といった内容の記事が掲載されるような状況です。もっとも、欧米こそ、コロナに関しては対策に成功していませんので、エラそうなことも言えないはずですが。世界的に「日本から学ぶことはもうない」と薄々気づく人たちが増えていたのは確かで、それ自体に軽薄なところもあるけれど、このコロナ危機が決定打になった気がしています。

それが今後、日本の文化産業や文化の輸出などに関して、大きなダメージになるかもしれません。僕は作家ですから常日頃から感じているのですが、結局、国の活気、あるいは国の力と、その国の文化に対する関心は連動しています。戦後の日本が、飛躍的な発展を遂げた珍しい国であったときは、映画や音楽や文学にも外国からの関心が集まりました。それが、国への関心が薄れれば、その国の人が書いたものを読んだり、つくったものを見たりしても仕方がないのではないかと、関心も自ずと低下します。ヨーロッパなどでは、国にもよりますが、中国と日本の文学に対する関心は、この二〇年ぐらいで逆転しつつあるように見えます。

大澤　一九八〇年代から九〇年代の初頭くらいまでは、アメリカなどへ行くと、日本のことを勉強したい、日本語ができるようになりたいと、ビジネスはもちろん、文化への関心が高い人たちが多くいました。それが完全にシフトしていて、確かに中国中心になっています。

平野　僕は一九九八年にデビューしていますけれど、二〇〇〇（ゼロ）年代の途中までは、日本の問題をしっかり考えて書けば、それは先進工業国に共通する普遍的問題であって、翻訳されたときに理解が得られるのではないか、あるいは、日本は少子高齢化をはじめ、「課題先進国」だからこそ、それらの課題をしっかりと考えれば、一〇年くらい遅れて欧米の人たちにとっても重要な問題になるのではないかと思っていました。それが最近、今の日本の問題に特化して書いても、海外の国々から特殊な国の問題として見られ、自分たちの社会には関係ないと思われるのではないかという感じがしてきています。実際、コロナ中も二、三の海外メディアに寄稿を求められて、日本の対策の問題を指摘したのですが、その特殊な状況は「他山の石」にさえならず、興味がない、という感じでした。

国の産業を見ても、半導体も家電も何もかも落ち目になってきている状況の中で一体、今後、何で食べていくつもりなのか、ということを、ふしぎなほど真剣に考えてきませんでした。これは、与党に二世、三世議員が多いこととも関係している気がします。コロナ禍においても、日本の世界に対する科学的貢献は何だったのか。

衝撃的だったのは、二〇二〇年に政府が国民に給付金を配る政策を実施したときも、蓋を開けてみると、電通などの広告代理店をはじめ、政府につながりが強い企業がずらっとぶら下がっていたことです。安倍・菅政権時代は特に、政府のほとんど開発独裁的な性質につけ込んで、国にぶら下がることで業績を維持しようとする企業の群れを目の当たりにしました。

屈折した希望を託すなら、「日本スゴイ」といった近年の妄想が、コロナを通じて多少は冷や水を浴びせられるかもしれない、ということくらいです。

大澤 まったく同感ですね。コロナ以前から考えていることがあるのですが、僕は社会学や哲学を研究していて、日本について考える場合であっても、普遍的な問題を扱う気持ちでいます。読む文献も、たとえばジャック・デリダ(15)を読むときに、フランスのことが気になって読んでいるわけではありませんよね。「存在」であり、「アイデンティティ」であり、「差異」など、哲学の普遍的な問題について考えるベースがあります。そういったさまざまな思想に反応しながら自分でいろいろなことを考えてきました。

ところが、ある時期から気がついたことがあります。日本のことも考えなければいけないとなると、世界レヴェルの問題と一緒に考えられないわけです。どういうことかと言うと、日本のことは、ギアチェンジして、少しレヴェルダウンさせて考えたり、話したりしなくてはいけないようなところがある。ですから、日本のことは、もういいやと思っていた時期さえあるのです。だけど、日本に暮らし、日本の伝統や言語の中でものを考える以上、そういうわけにもいかないところがありますから、自分の中に分裂感が出てきて、すごく苦しいのですよね。日本で起こっている、はっきり言って非常に下らない問題がある。無視してもいいのでしょうけれど、でも、僕らはここに生きているわけですから、何か考え、それを伝えていかないといけないと思う。けれど、そんな問題は重要ではないし、自分はあまり考えたくないといった思いも強くなってしまうのです。

今回のコロナに対する日本政府の一連の対応は、お粗末としか言いようがないものです。これまでにも散々お粗末な出来事はあったのですが、隠蔽されたり、あるいは気づかないフリをしたりしてやり過ごしてきました。しかしコロナ対策でそうした状態が白日のもとに晒されてしまいました。

平野　一方で、たとえば韓国や台湾は感染拡大を抑えることに関して、うまく対応した部分があるものの問題も指摘されています。コロナの初期封じ込めには成功したけれど、ハイテクを用いて個人情報に立ち入り、位置情報や国民の総背番号制度などを使い、感染拡大を防いだことに対する批判的な捉え方です。中国に対しても同じような批判がありつつ、大規模検査など、見習うべき点もありました。そのため、権威主義的で、強権的な政治体制のほうが、パンデミックに関しては優位なのではないかといった議論も誘発しました。

大澤　先進国に共通に認められている普遍的な人権意識などの価値観からすれば、留保すべき点が多々ありますよね。さらに、そもそもコロナが世界的に広がったのは、中国で情報の民主化が十分行われていなかったためです。早い段階で新しいウイルスの出現は確認できていたはずなのに、中国が情報を隠していたために世界的な問題になった。これは否定しようのない事実です。権威主義的体制は、コロナが拡大したあとの対策としては有効だったように見えますが——これにも異論はあるかもしれないですが、ともかく有効には見えました——これほど感染を世界的に広がらせたのも権威主義的なシステムでした。その点は批判されるべきです。ですから感染症に限っても、中国の方法が万能なわけではないのです。では民主的にこうした問題を乗り越えるにはどうしたらいいか。僕たちはそれを考えるべきです。

監視社会化にどう対応していくか

大澤 感染症の大流行という今後も起こり得る問題に対しては、中国の権威主義的な体制も、欧米の法によるロックダウンもさまざまな問題を抱えています。だからこそ民主主義と感染症対策を両立させる、どこの国でも使える普遍的なモデルを考え、提示する必要があります。

それでも今後、感染症の問題を乗り越えるために、個人情報を管理する動きは強まる可能性が高いでしょう。個人的には避けたい思いがありますが、たとえば、自分はマスクをするのは嫌でも、みんなにとって危険であれば、マスクをせざるを得ないのと同じような感覚で、感染症対策のためにある程度の個人情報が収集される状況を避けていくことは難しくなるでしょう。これだけグローバル化が進み、新しいウイルスが世界中に拡散しやすい社会になれば、情報を管理し、素早い解析が行えれば、感染症が地球規模で広がる前に、たとえば一部の地域だけを一時的に封鎖する形で解決できる可能性も高まります。

ですので僕は、今後は、個人情報が行政機関に収集されることを前提として、そうした管理から逃げるのではなく、個人情報を収集されることから生じ得る危険への対抗措置を持つことのほうが重要だと考えています。今も僕らの個人情報は行政や一部の企業などに厖大に蓄積されています。それが感染症への対抗策として必要な限りであれば利用されるのは問題ないのですが、たとえば健康情報が、保険に加入する際に勝手に利用されるような状況は避けなければいけません。情報が転用、あるいは悪用されないような監視装置が必要です。つまり監視装置に対する監視装置が必要です。そして、この監視の監視、つまりメタレヴェルの監視という対抗措置自体を民主化する方法が重要になってきます。

政治学者であるジョン・キーン(16)の『民主主義の歴史』（未邦訳）、『デモクラシーの生と死』（みすず書房、二〇一三年）には、最も新しいタイプの民主主義として「モニタリング民主主義」が挙げられています。これは権力の作動を監視するタイプの民主主義です。モニタリング民主主義のサイバースペース版のような対抗策を市民社会が持ち、権力への対抗措置とする方法があり得ると思うんです。日本がこのような方法を自ら確立して、世界中が学びたくなるような対策を打ち出すことができれば、失った自尊心を取り返せるかもしれません。（笑）

そして監視の主体になっているのは、政治権力だけではないのですよね。個人情報を厖大に持っているのは政府や警察というよりは、一部の私企業です。そういう企業がいくつもあるわけですから、それらも、私たちの民主的な監視、つまりモニタリングの対象にしなければいけません。権力のほうが邪悪で民間は安心なんてことはもちろんありませんから。個人を監視するシステムを監視することで対抗する場合、市民の側では、政治権力だけではなく民間の個人情報収集者にも対抗しなくてはいけないでしょう。

平野 情報は新時代の石油だ、という言い方もありますし、今一番ホットな話題は、フェイスブック（現・メタ）などのプラットフォーマーが収集し続けている個人情報のほうです。

個人情報に関しては、権力が恣意的にそれを活用することに一番の問題があると考え、『ドーン』（講談社、二〇一二年）という小説の中では、それをオープン化するアイデアを書きました。たとえば犯罪が起きたとき、警察がコンビニなどからビデオを押収して、ビデオ画像から犯人を特定するケースがあります。しかし弁護側は、必ずしもその情報にアクセスできない。そうすると、警察がこっそり消してしまう動画もあるかもしれないし、コンビニとしては、警察の立ち回り先ですからビデオの提出は断れません。防犯上は協力関係ですから、ほぼすべての店が提供してしまいます。結果的に、警察は一円も出さずに、巨大な監視網にただ乗りしています。その状況に対して、法律を整備して、市民の側がその監視網の情報にアクセスできるようにして、権力側の恣意的な情報活用を検証し、批判できるようにしてはどうか、というアイデアでした。

韓国や台湾は、コロナが拡大し始めた初期の頃から、感染症対策のトップが、毎日、マスコミ向けにブリーフィングをして、メディアの質問に丁寧に答えていました。そうした積み重ねが、政府に対する国民の信頼醸成に大きく寄与しました。日本では、旧・専門家会議[17]の説明頻度もはるかに少なかったですし、議事録は黒塗りです。これでは、個人情報を提供して下さいと言われても、信用しようがないでしょう。

韓国や台湾は、確かに、国民総背番号制のようなシステムが導入されているからできたことがたくさんあるのも事実です。日本では、国民総背番号制には大きな反対運動が起こりました。しかし、保険証や免許証にも番号は振られていますから、番号を振ること自体は、悪いことではないでしょう。ただ、何もかも紐づけしてしまっていいのかとなると、やはりシステムとその運用に対する信用問題が大きい。大体、本当にそれでいろいろなことが効率化されるのか？　感染症対策に活用しようとなったとき、買い物履歴からGPSから防犯カメラ映像の顔認証システムから、そういうものが、全部マイナンバーに紐付いて本当によいのか？

それ以前に、マイナンバーの現状を見ていると、本当に日本でそんな一切合切の情報監理と運用ができるのか、という疑問があります。

死という運命を受け入れた先へ

大澤　コロナ禍以後、日本の中にずっと閉じ込められていますから、海外のことは報道を通じて知るだけですけれど、コロナの問題が一段落ついたときのことを想像して恐れている事態があります。それは、世界が劇的に変化したのに、日本人だけがそれに気づかず、取り残される、ということです。実は、同じようなことは過去にも――戦前にも――すでに起きていて、日本の悲劇や失敗につながっています。

たとえば、第一次世界大戦後のことです。第一次大戦は、「世界」大戦と言っても、実質的にはヨーロッパが戦場だから、日本が取り残されるのは仕方がない部分もあります。しかし第一次世界大戦が終わったときに、世界では、平和や正義、戦争に対する考え方や感覚が劇的に変化しました。そこで一九世紀的な世界は完全に終わった。ところが日本人は、その終焉を、骨身に染みるような感じで理解していなかった。その結果、日本は、第一次世界大戦後に、一九世紀における先進国的な振る舞いの真似事をアジアで続けてしまったのです。そのことが、やがてアジア・太平洋戦争につながっていく。

ただ、第一次世界大戦には、日本は深く巻きこまれませんでしたから、ヨーロッパ中心の変化に気がつけなかった点については、多少の情状酌量の余地があります。しかし、第二次世界大戦の後でさえも、似たような問題が反復されたように思います。昭和の初期以降のアジアへの侵略や満洲国の傀儡《かいらい》政権の樹立、そして太平洋戦争に関しては、日本にこそ最も重い責任があり、酷い失敗をして悲惨な敗北を喫した。となれば、ここから最も多くのことを学ばねばならないはずでした。しかし、日本は、第二次世界大戦の後でさえ、思ったほどは変わりませんでした。表面的には、新憲法のもとで民主化するなど、大きく変化したように見えますが、人々の日常の心性や態度のレヴェルでは、たいして変化せず、むしろ戦前と同じものを温存させてしまった。大きな傷を負ったのですから、十分に痛みを感じ、自らの力で治療する必要があった。しかし、比喩的に言えば、敗戦後すぐに痛み止めの注射を打って、対症療法的な治療をしたのです。それで、自分ではすっかり傷が癒されたと思っているのですが、実際には、「永続敗戦」と評されるような状況で、傷の本格的な治療はついになされずにきてしまった。

今回のコロナ禍は、地球規模で起こっています。この問題に関係ないと言える人は世界で一人もいません。すると、コロナが収束したとき、世界中の人たちのものの見え方、世界の捉え方は根本的に変わっていくでしょう。ところが、日本政府と日本人は、ここまで二人で話してきたように、ほとんど無策だったにもかかわらず、運良く、比較的被害は小さくて済んでいます。被害が小さいことは、もちろん、喜ばなくてはならないことなのですが、世界の深い部分での変化に、日本人だけが気づかず、取り残される、という事態がまたしても繰り返されるのではないか。僕はそんな怖れを感じるんです。

僕も若い頃は、国は国、僕は僕と思っていました。国に問題があっても、自分自身がしっかり生きればいいのだ、と。しかし、年齢を重ねてくると――特に自分が若い人を教育するような立場にもなったことが関係しているのだと思いますが――、二つのレヴェルをそうきっぱりと分けることは難しいようだ、と思うようになってきました。『論語』に「邦有道、貧且賤焉、恥也、邦無道、富且貴焉、恥也（邦に道有るに貧かつ賤なるは恥なり。邦に道無きに富かつ貴きは恥なり）」、つまり国に道義があるときに貧賤であれば、恥じなくてはいけないが、逆に、道義のない国で富貴であったら、これもまた恥だと。僕は今、この国は、「富みかつ貴き」人――裕福になったり権力を持つに至った人――の多くに関して「恥なり」と言わざるを得ない国になっているのではないか、そんな感じがしているのです。

コロナによって今までの常識のいくつかは通用しなくなります。元の状態への復帰は不可能です。新しい世界観の中で日本も動き始めなければいけない。だから、ここで積極的にコロナ後の――あるいはウィズ・コロナになるかもしれないですけれど――新しい世界に対する見方が必要だと考えています。その新しい見方で進めば、人類にとって重要なさまざまな問題が克服できる。そうしたモデルを自ら率先して提起し、行動で示すことができるようになれば、日本にとってもこの危機をチャンスに変えられるのではないでしょうか。しかしこの危機を乗り越え逆転しないと、日本が没落する可能性はかなり高い。もちろん、日本だけではなく人類全体にとって今後の世界的な問題に対応していかないと、厳しい状況であるのも確かです。今は人類全体の厄災、たとえば環境問題などは、コロナ以後も続いていくことがわかっている。だからこそ、日本としては、そこで新しい方向性を率先して示すことができれば、大きなチャンスにもなるのです。

平野 すでにコロナ以前から新しい世界に入っていました。日本人には想像がつかないほど、ヨーロッパでは環境問題への意識が進んでいます。たとえば、多くの人は、少し前まで牛肉を食べるかどうかが地球環境と直結するなんてことは想像もしていなかったでしょう。しかし、僕は親しいフランス人から、少なくとも五年以上前に、牛肉を食べる量を意識的に減らしていると聞いていて、驚いた記憶があります。一九九九年に『葬送』(新潮社、二〇〇二年)の取材でロンドンからエジンバラまで旅行したときにも、いくつかのホテルでは、環境問題への配慮からタオルは毎日洗濯しないと謳っていました。中の上くらいのホテルでです。

この一〇年、再生可能エネルギーの発展が、大変なスピードで進みました。そのきっかけは気候変動だけでなく、福島第一原子力発電所の事故も大きかったはずです。にもかかわらず、日本は相変わらず石炭火力に大きく依存し、原発を維持しようとしている。

ジェンダーギャップ指数は、二〇二一年では、一五六ヵ国中一二〇位で、先進国の中で最低レヴェルですし、アジアの中でも韓国や中国、ASEAN(東南アジア諸国連合)諸国より低い状況です。かなり意識的にさまざまなことを変えていかないといけない状況にありますし、一人ひとりにできることなどではなく、政治行動につながっていかないと意味がない。コロナの罹患者を把握するのに、保健所がＦＡＸで対応していたという話から、上司がＺｏｏｍを使いこなせなくて、リモートワークをやめたという話に至るまで、変化させない力の凄《すさ》まじさに呆気にとられています。それをどういうふうに変えていくのか。だから三島に戻ると、「憂国」ですよ。

大澤　三島は、経済的には少しはマシだけれど、精神がない国が残るのを憂えていたわけです。しかし、三島の憂え以上に悪い状況に日本は置かれています。三島のめざしたものが正しいかどうかは措くとして、彼は現実の日本を肯定したわけではなく、あるべき未来の日本を考えていた。そう考えると、コロナにおける日本政府の対応は、あまりにも悲しいものばかりで、情けなくなってきます。到底、「日本スゴイ」なんて言っている場合ではありません。日本を愛するならば、義ある国に向かっていかなくてはいけない。

平野　布マスク（いわゆる「アベノマスク」）を配ってみたり、ＰＣＲ検査の不拡充、ＣＯＣＯＡ（新型コロナウイルス接触確認アプリ）の不具合、緊急事態宣言のあいまいさ、病床確保もままならず、「ＧＯ ＴＯ」をはじめ逆効果の経済政策、非科学的というより科学的なデータをまったく参照しない姿勢、と……、挙げればキリがないほど、酷い状態でした。

政治の根本というのは、他者の考えを変えさせたり、他者に自分のしてほしいことをしてもらうことです。そのときに暴力に訴えるのか、強制力を使うのか、話し合いによって同意を取りつけるのか、金で解決するか、多数決か、……と、いくつかの方法があります。自分の得になることをするか、損になることをしないか。人間は得になること、利益になることはするでしょう。さもなくば、ペナルティを回避するためにいやいやするか。この後者の発想が日本社会に蔓延していて、菅政権は、特にそのパワハラ的な体質が顕著でした。圧力をかけることで、自分の言う通りにさせようとする。

韓国や北朝鮮との関係も、すべて圧力一辺倒です。しかし、相手にとって一文の得にもならないことを、日本が圧力をかけ続けた結果、根負けして恐れ入りましたと受け容れるなんてことがあるはずがない。拉致問題は、この間、まったく進展していません。国であっても、人であっても、なんらかの得がない限りは進んで同意はしないでしょう。この考え方を先鋭化させたのが、ジェレミー・ベンサム(18)の功利主義ですが、日本を変えていくには、ペナルティがイヤだからやる、ではなく、自分にとっても得だからする、という仕組みに全体的に変えていく必要があるでしょう。

大澤　精神科医であるエリザベス・キューブラー・ロス[19]の『死ぬ瞬間』（中公文庫、二〇二〇年）が思い浮かびました。ロスによると、余命があとわずかだと告知された人が、死を受け入れるまでに、五つの精神の過程をたどるというのです。五段階とは、「否認と孤立」「怒り」「取り引き」「抑鬱」「受容」です。最初の三つの段階は、差し迫った死というものを真には受け入れてはおらず、そこから逃げようとする態度です。この五段階で興味深いのは、「抑鬱」の後に、もう一つ「受容」というステージがあることです。死はもう避けられないということになると、人は、当然絶望するわけです。それが「抑鬱」です。しかし、ここで終わらず、さらに「受容」の段階がある。それは、死が不可避であることを認めているわけですが、その上で、死というものに対して前向きになることです。死という絶対の終わりをはっきりと受け入れているのに、なぜか、前向きで積極的な気持ちになることができるわけです。

このキューブラー・ロスの図式を比喩として使って、今の人類の状況を見ると、五段階の真ん中の「取り引き」の段階ではないかと思うんです。「取り引き」というのは、たとえば、余命三ヵ月と言われている人が、せめて一年後の娘の大学進学のときまでは生きることができないか、と思い、医者に無理なお願いをしたりするケースです。少しはゲイン（利得）がないと、死という悲劇は受け入れられない。だから、運命と取り引きするような精神状態になるわけです。今は、コロナとともに生じ得る真に大きな精神状態の転換、態度の来るべき大転換との関係で、人類レヴェルでの「取り引き」の段階にいる。少し我慢はするから、その程度で許してくれ、と思っている。たとえばマスクに手洗いに、食事のときも黙食したり、人との直接の交流を減らして、仕事は在宅勤務を進めたりして、ワクチンも打つから、なんとかしてくれ、と運命に訴えている。しかし、きっとこの程度の譲歩では許されず、社会のベースにある根本的な価値観自体を変えていかないと、コロナ後の世界はやっていけないでしょう。

だから、この社会が一旦死ぬという運命を受け入れたとき、私たちは、はじめて前向きな対応ができるのではないでしょうか。つまり、「取り引き」程度の小手先の工夫を超えた、今までだったらとうてい不可能だと思われていたようなことの断固たる選択は、キューブラー・ロスの第五段階に達したときにはじめてなし得る。世界中の人たちが「取り引き」でことを済まそうとしているときに、日本は、第四段階を越えて第五段階に行く。つまり「取り引き」では済まない現実を直視して、積極的に新しい世界のあり方を構想し、それにそった具体的な行動を実行する。そういうところへと向かってほしいです。

第四章

破局を免れるために

環境・コモン・格差

前章では三島由紀夫を糸口に、環境問題やジェンダーの問題、コロナ対応など、「憂国」の状況に議論が及んだ。本章ではそれらをさらに掘り下げながら、将来世代のことを視野に入れた打開策を模索する。

コモン化は可能なのか

大澤　今、世界中でさまざまな問題が起こっていて、未来について議論をしなくてはいけない時期に来ていることは確かです。ですから、この章では、将来や未来を見据えながら話ができればと考えています。

平野　実際は、すでに世界は今現在も切迫した状況ですが、なかなかその危機感が共有されません。環境問題にしても、確かに年々、夏の気温が上昇し、豪雨災害も増えていることを、多くの人が実感していると思います。具体的な被害も出ている。しかし明日にも、絶望的な状況に陥るというわけではありません。何世代か先の将来、大きな問題になるであろうことに対して、今、どうしていくのか。

大澤　では将来のために何をどうするんだと、よく訊かれます。しかし、これに細かく答えることは、本来の問題の解決との関係では逆効果になる場合もあると考えています。未来はこうなる、こういう社会にしますなんて言うと、僕らは今起きていることの単純な延長で考えてしまうのです。つまり、現在の想像力に規定された解答しか出てこない。すると、このあとの行動もまた、現在の想像力に縛られてしまう可能性がある。だから、僕は、未来を具体的に予言するようなことは、本当は望ましくなく、むしろある程度禁欲したほうがよいと考えています。しかし、それでも先のことへの見通しがないと、僕らは最初の一歩を踏み出すことができない。

ここでは、いきなり抽象論にならないよう、「新書大賞二〇二一」を受賞するなど大きな評判を呼んでいる、斎藤幸平[1]さんの『人新世の「資本論」』（集英社新書、二〇二〇年）をまずは素材として取り上げることにしましょう。気候変動はすでに地球規模の問題をもたらしていますが、二〇五〇年頃には温暖化がさらに進んでとんでもないことになる。その結果、生態系の破局につながり、以前の状態には決して戻ることができないポイントを迎えると、斎藤さんは——ほかの人もですが——指摘をしています。現在もそれを避けるために世界中でさまざまな取り組みがなされています。たとえば再生可能エネルギーの導入などです。しかし、斎藤さんによるとその程度のことでは破局への道は回避できない。特に、現在講じられているさまざまな対策は、経済成長を実現しつつ、環境負荷を小さくもしようとするものですが、そうした対策が有効であるには、環境負荷と経済成長とがデカップリング（分離）

されなくてはならない。つまり、環境負荷の増大と経済成長との間のつながりを断ち切らなくてはならない。しかし、デカップリングは不可能である、というのが斎藤さんの主張ですし、実際、著書で提示されているデータを見ると、その点、まさに斎藤さんの言う通りであると納得させられます。

平野　前半には、ＳＤＧｓ(2)などの取り組みでは全然足りないと強調されていて、読んでいると、もう手遅れで間に合わないのではないかとさえ感じてきます。漠然と考えていたよりもっと緊急な話が具体的に書かれていて説得力がありました。

大澤　斎藤さんが踏み込んだなと思ったのは、彼がめざすべきシステムをはっきりと「コミュニズム」であると言ったことです。コミュニズムとは何かという問題はもちろんありますが、はっきりとこの語を使った。地球や社会、人間を守るには、「脱成長経済」が必要である、と斎藤さんは言う。脱成長経済については、斎藤さんより前からたまに言われていましたが、斎藤さんは脱成長の経済を達成するにはコミュニズムでなくてはいけない、と論じたわけです。コミュニズムは、一九七〇年代に日本では連合赤軍など、新左翼の運動が大失敗して以降、簡単に使えない言葉になりました。多くの左翼系の論者たちは、その言葉を避けて、たとえば「アソシエーショニズム」などの語を使ってきました。

平野　では、どうするのかを考えるとき、僕としては、コミュニズムの前に国家権力の機能の健全化をやはり考えます。現在とんでもない格差が広がっていて、それを徴税などによって是正していくには、国家権力と国際的な枠組みに期待せざるを得ないことは、第一章で触れました。環境問題に関しても、プライヴェートジェットを乗り回すことがどれほど大きな環境負荷になっているか。そうした実例は斎藤さんの本でも示されていましたので、それは徹底的に制度政治の枠組みでアプローチすべきだと思います。

大澤　斎藤さんの結論に関しては、多くの人が賛成すると思うんです。資本主義のシステムは、成長しないとやっていけないようにできています。ですから脱成長を実現するには、資本主義とは異なるシステムでなくてはならず、コミュニズムを提唱しているわけです。また、コモン（共有財）についても結論としてはいいと思います。確かに今はとんでもない格差社会になっています。その格差は、要は所有の構造、つまり私的所有というものに根本的な歪みがあるため生じているのです。それが、誰がどう考えてもあり得ない、極端な格差を人々の間につくってしまっています。その所有構造を抜本的に改革する考えが必要で、私的所有は資本主義の根幹中の根幹の原理ですから、そこを変え、コモンを拡大していかなくてはいけない。その方向には賛成です。

平野　コモンをめぐる話も興味深かったのですが、コモン化とは、さまざまな領域を政治化していくことです。その状況に、現実的にみんなが耐えられるかどうかですね。それをすべきだという考えはわかる一方で、日常生活では、マンションの管理組合の話し合いだけでも、みんな結構大変だと感じている。

大澤　確かに。(笑)

平野　管理会社が入りますが、必ずしも合理的な意見が通るわけではないですし、やる気のある人の意見が通りやすいなど、話し合いの難しさもあります。住民の世代構成によって、大規模修繕計画についての考え方なども変わってくる。管理会社がサジを投げて、組合による自主管理が破綻してしまうマンションがこれから増えるとも予想されています。さまざまな領域が政治化されれば、地域住民同士の関係が、かえって難しくなる局面も出てくるでしょう。

ただ、面倒でも、やってよかったという感想もよく耳にします。自分たちの住んでいる建物への理解が深まりますし、責任も感じるようになる。いろんな職業の人が集まるので、知恵も出ます。これはどういうマンションに住んでいるかで、かなり違うでしょうけれど。

これが、マンション管理のレヴェルを超えて、より大きな話になっていくときにどうなるのか。インフラ全般がコモン化していけば、政治領域が膨大に増えていきます。結局、資本化とは、政治領域を脱政治領域化していくことでもあったと思うんですが、それと逆行するわけです。

大澤　多くのマンション管理は、住民の政治や自治で運営すべきところを民間企業に一部請け負わせたりしているわけですからね。

平野　斎藤さんが提示しているコモンのアイデアに共感しつつ、本当にそれをやり切れるのかどうかと、やはり考えました。困難の一つの理由は、政治参加のための時間も労力も気力も何もかも、多くの人は今、労働に搾《しぼ》り取られてしまっていることです。企業が一個人を労働者として可能なだけ扱《こ》き使い、余暇の時間・お金・体力を最小化してしまったために、私的な活動や消費だけでなく、政治参加も非常に困難になっています。これを好都合だと考える悪い統治はあるでしょう。ただ、「働き方改革」で、変化しつつある部分もあります。

これは、僕の「分人主義」の発想にもつながる話です。労働者としての比率が個人の中でどの程度の割合なのか。それが政治主体はじめ、消費主体、あるいは家族といるときの自分、恋人や友人といるときの自分……など、私的な分人を圧迫してしまうと、政治行動も、無関心か、現状追認に陥ってしまう。ですからコモン化を考えるなら、労働時間を抑制して、政治参加する余裕を持てる社会にしていくところから始めなければならないでしょう。

未来の人々との連帯は可能か？

大澤　とにかくコモン化のプロセス、そしてコモンの運営は、自由で民主的なシステムで実現していくことが求められるのですが、民主主義には構造的に乗り越えられない限界もあります。民主主義は、さまざまな条件によって排除されていた人たちを可能な限り参加させていく政治制度です。たとえば財産の多寡に関係なく、階級の差に関係なく、人種の差に関係なく、ジェンダーの差に関係なく、等々と制限がなければないほど、民主化されていると言えます。

しかし民主化のレヴェルをいくら上げても、超えられない限界があります。民主主義の政治システムは、どんなに参加の範囲を広げても、同じ現在を共有している人までだ、ということです。ところが今深刻な課題となっていること、たとえば地球環境の問題に直面するのは我々だけではなく、むしろ後にやって来る世代です。これは、今までの民主主義の考え方だけでは足りません。その限界をどうやって乗り越えるか。それを考えていかないと、コモンズであれ、コミュニズムであれ、いかなる究極的な目標が設定されても、いつまで経っても我々だけのユートピアにとどまります。すると、気候問題も解決できません。

平野 気候変動問題はこれまで一部の「意識高い系」の人たちの話題と見なされ、なかなか広く理解されてきませんでした。斎藤さんが、南北問題なども含め、資本主義と気候変動の問題が深く重なっていると議論を展開したことで、格差問題については関心を持っていたけれど、気候変動についてはあまり関心を持っていなかった人たちが、それらを結びつけて考えられるようになりました。これは斎藤さんの議論で重要なポイントの一つです。

資本主義については、もちろん問題を抱えているものの、自由との結びつきを考えると、メリットも否定できません。中国にせよ、ロシアにせよ、ミャンマーにせよ、市場開放は一定の民主化の力となりましたし、だからこそ独裁的な政治体制とは緊張関係が生じ、反動的抑圧や縁故主義に陥ります。今後、北朝鮮の体制がどうなるかはわかりませんが、市場開放は一つのシナリオではあるでしょう。一方でコモンを考えると、職業選択の自由の問題にもぶつかります。そのため、資本主義の否定にまで行けず、僕自身は、中途半端な「資本主義肯定」否定論みたいなところにとどまっています。

出版文化におけるコモンの働き

大澤　一方で、もしかしたら資本主義は全部ダメなのかもしれないという不安感もあります。少し前――今でもそうですが――、たとえば、「新自由主義はよくない」と言っているときは、それは、何かよくない資本主義、不公正な資本主義であり、それとは別にフェアな資本主義があるというイメージでなされてきました。資本主義全体を批判するのは少し不安であるから、悪い資本主義である新自由主義だけ批判して、これとは別に資本主義という大きな枠組みだけはなんとか残しておきたいという気持ちがあった。

しかし、よく考えてみると、資本主義の持っている基本的な原理を率直に追求していくと、新自由主義に行き着くのです。あるいは資本主義の延命をはかった結果、新自由主義にたどり着いたわけです。もっといい資本主義というものが本当にあるのなら、とっくにそちらへ進んでいたでしょう。

新自由主義以前の資本主義、たとえば一九七〇年頃の資本主義に戻ればよいのか？　もちろん、ダメです。一九七〇年頃までの資本主義では対応できなかったからこそ、新自由主義に来たわけですから。

平野　僕は現在の資本主義の中で、コモンというものを考えるときに、小説家ですから、出版産業のことを考えるんですよね。文学史にせよ思想史にせよ、欧米でも日本でも、近代以降は、資本主義的な出版産業の中で形成されてきました。資本主義下では、売れて多くの利益を生み出した商品が是とされます。しかし、読者の評価があり、また、研究者や批評家の評価があり、多くの人たちがさまざまな価値観で作品の意義について修正を加えながら、思想史なり文学史なりが形成されてきました。

では今、世界文学の文学史を振り返って、資本主義のために、何かとんでもなく間違った結果になっているかというと、僕はそうは思いません。しかるべき作品が残っていますし、出版時に売れなかった作品もさまざまな形で再評価され、再出版されることで、今も読まれ続けています。すると、出版業界をコモン化すると仮に考えたとき、もっといい形で作品を残していくことができるのかというと、大いに疑問です。知のコモン化は、ある意味では最も重要なことかもしれません。それが民主主義の基盤になり、文化の基盤となり、僕たちの生そのものの基盤となるからです。しかし現実的には資本主義のシステムに完全に乗っていて、資本主義を否定する本でさえ、ベストセラーとして世界で流通しています。資本主義を否定する著者でさえ、資本主義の枠から外れた形での知の共有を実践しません。

大澤　出版業界については一つの例ですが、平野さんの本はよく売れるから出版資本主義にとっていいでしょうが、僕の本なんて利益が出ないということで（笑）、資本主義の原理に純化している会社からは、あまり出版してもらえなくなりそうです。それはともかくとして、どんな業界にも純粋資本主義的な側面と、そうではない部分、あるいはコモン的な側面の両方があると思うのです。出版はもちろん資本主義の中で、本をつくり、それを商品として売って利益を上げ、僕らは印税をもらって生きています。資本主義の中に出版も置かれているわけですが、出版は他の領域に比べれば、どちらかというとコモンに親和性が高いのです。

どういうことかと言うと、本に自分の考えを書けば、誰かが引用したとき、「大澤によると」などと言ってくれたり、書いてくれたりするわけです。典拠を示さないで引用すれば、剽窃《ひょうせつ》や盗作だと言われます。それでも、僕の文章を引用したからといって、その引用者に対して僕が知的所有権を主張できるわけではありませんよね。僕が何かを考えて発表すると、そのアイデアは基本的にはコモンなのです。これは僕のアイデアだから、基本的には僕だけが使用できて、それを使いたかったら、僕からの許可を得て、僕に対してきちんと支払いをしてくれ、といったものではありません。もちろん法的な問題はあるけれど、人間間のリスペクトとして引用し、引用元として示している。ですから僕らは、コモンに比較的近い領域で仕事をしていると考えています。それでも最終的には資本主義の枠内ではありますが、出版に関して言えば、そこにはコモン、つまり私的所有に還元できない何かに向かっていくヴェクトルがすでに入っています。

それをさらに一般化して、他の業界や他の世界にまで広げることができるのか。あるいは出版においても、知的所有権に対して囲い込みをしているとも言えるわけですから、それをさらに緩めて本当の意味でのコモンを進めたとして、それでも社会システムであり、我々の生活が維持できるのか。そうしたことについて考えていく必要があるのではないかと思います。

一般論として言っておけば、平野さんも先ほど言いかけましたが、知や情報というものは、特に反資本主義的で、むしろそのままではコモンに向かう傾向があります。そのコモンへと向かう傾向を、一定程度、法的に制限することで、知や情報を、人為的に商品に変えているわけです。

平野 その話でいくと、コモン化も原理主義的なコモン化と、修正資本主義的なコモン化がある、ということですかね。ファッションの世界などでは、一方でコピー商品の取り締まりの強化、もう一方で「文化の盗用」批判を通じて、アイデアの共有は、資本主義内の批評性によってむしろ難しくなりつつあります。ビッグ・ビジネスではあるけれど、モード＝金儲けというのも短絡的で、コモン化なのか何なのか、解決のための知恵が必要だろうと思います。

大澤　Non-Fungible Token（ＮＦＴ）のようなものも出てきていますね。これは、私的所有による囲い込みから逃れていく傾向がある「デジタル情報」に、作為的に私的所有を設定する方法だと解釈できます。ＮＦＴは、コモンズをめざす立場からは、資本主義へと回帰しようとする反動ですが、しかし、私たちの経済や社会が基本的には資本主義の枠内にあることを思えば、デジタル技術を使って創造している人たちが、ＮＦＴのようなものを導入して自分たちの所有権を守ろうとするのも、わからなくはないです。

人間の欲望をどう評価する

大澤　民主主義の問題を先ほど言ったので、自由の問題も付け加えておきます。平野さんは冷戦終結のときは、おいくつくらいですか？

平野　中学生の頃、冷戦が終結しました。

大澤　冷戦終結当時、私は大学の助手でした。二〇世紀の末期です。二〇世紀の歴史というのは、ほぼ冷戦です。そして冷戦に関して重要な事実は、冷戦は冷戦のまま終わったということです。つまり大国同士は——米ソは——一度も熱い戦争をしなかった。戦っていないのに、勝手に一方が敗れたのです。その原因がどこにあるか。それこそ、自由です。自由を最優先するシステムが、そうではないシステムに対してどれほど有利か。資本主義は、人類が今までつくってきた、あらゆる社会システムの中で最も自由なものです。もちろん資本主義にも、労働者に本当の自由があるのかなど、いくらでも批判は言えます。しかし、我々は奴隷ではないですからね。

社会主義という、自由とは別の理念を上位に置くシステムは、資本主義の魅力の前に、やはり負けてしまう。資本主義は、個人の平等な自由の一つの帰結です。しかし二一世紀になって思い知ったことは、資本主義は他方で、環境問題をはじめとする破局の可能性を生むということです。しかし、自由を捨てることも望ましくない。自由をキープしながら、なおかつコミュニズムが必要だとすれば、果たしてそちらへ進めるのか。あるいは資本主義に何か新しい運営方法があり得るのか。いずれにしても、僕たちは将来、環境問題をはじめとする、決定的な破局を避けるためにどう対応したらよいのか。大きな課題です。

平野　自由は膨大な無駄も生み出しますし、なんのためにやっているのかわからないようなこともたくさん生みます。しかし、結局それが未来に対する可能性を拓くことになるから、計画経済よりも柔軟で強いのがよさでした。多様な未来の可能性に対して、無駄の分だけ対応できた。コミュニズムや社会主義が美化された時代を、僕は実体験していません。八〇年代後半のソ連のペレストロイカでグラスノスチ[3]（情報公開）が行われてきている頃の共産主義と社会主義の実態をメディア越しに見聞きしていましたが、そのときに最大限強調されたのは、自由のない世界の停滞ということでした。

ですから僕は、コモンという発想が、暴走する資本主義のオルタナティヴとしての可能性になることに同意しつつ、一方で人間の想定を超えていく力を生み出すものが、資本主義にはどうしてもあるのではないかと思っています。金儲けの山気が、さまざまな創造力を結果的にパトロナージュ（奨励）していた面もある。根本的にそこには人間観の問題もある気がします。つまり、人間の欲望というものをどういうふうに評価するか。文学は、欲望に対して非常にアンビヴァレントな態度を取っていますね。あるいは、どこまで国民の大多数に期待して、コモンを運営していけると思えるのか。資本主義の現実を部分的に修正していく発想までは、同意できる人も多いと思います。しかし、その先はどうか。

大澤 我々の人間観に絡んできますね。そもそも「人間は究極のコモンなんてものは受け入れられないようにできている。資本主義は人間の本性に一番適ったシステムだ」なんて言い方もされます。逆にこの状況を乗り越えるには、僕らの人間観を変えていく必要があって、それは頭の中で変えていくだけではダメで、実際の制度や社会の中で実装されていかなくてはいけないでしょう。

これは、人間は自分が死んだ後の他人まで含めて配慮できるのかという問題とつながります。動物としての人間の寿命を超えていますから、不可能と言えるかもしれませんが、僕は可能性があると思いたい……。いや、思っているのです。

人間という動物は、社会的な動物です。他の動物は、人間が考える社会性のレヴェルからは、程遠い存在です。第三章で述べたように、人間が、チンパンジーと比べたときに何が圧倒的に違うかというと、社会性に尽きるんですよね。人間は、一歳から一歳半ぐらいの段階から、初歩的な言語を発するようになります。言葉を使えるくらいなのですから、これくらいの年齢の人間は、知能テストにおいて、チンパンジーやオランウータンに圧勝するはずだ……と思いたくなりますが、そんなことはありません。空間認知とか、因果関係の認知の能力に関して、人間の幼児とチンパンジーやオランウータンとでは差がないと言ってよいくらいです。テストによっては、チンパンジーのほうが優れていたりします。

ところが、一つの領域だけ、人間の幼児が圧勝するのです。それは、認知の中に社会性が少しでも入っている領域のテストです。しかもその「社会性」は、人間から見ると、極端にプリミティヴなもので、そのどこが難しいのかわからないくらいのものです。たとえば、大人が何かをしてみせて、同じことをしてごらんというようなテストです。これは人間から見ると、テストと呼べるものではないでしょう。答えを教えた上で、やってと言われているだけですから、簡単にできてしまいます。ところがチンパンジーやオランウータンは、ほとんどそれはできないのですね。他者を模倣するとか、他者と何かを一緒にすることを楽しむという性質は、ほとんど人間にしかないのです。

このように人間は、ごく幼い頃から、他者に、つまり社会的に開かれている。そうだとすると、この社会的な開放性のようなものを、どこまで大きくポジティヴに引き出すことができるか。それこそが、勝負どころです。たとえば、人間がもともと持つ社会的な開放性を、自分が死んだあとの他者を含めるほどに拡張することができるのか。動物としての人間の寿命を超えているところにいる他者にまで、です。そんなことは不可能ではないかと言われそうですが、僕はそこに可能性を見出しています。

人間は基本的に仲間を重視する傾向が強いです。自分と属性が似ている相手は優遇します。しかし僕は逆の面にも注目すべきだと思っています。人間はまったく知らない人でも苦しんでいたり困っていたりしたら、助けたり、助けなかったら良心の呵責《かしゃく》を覚えたりします。そのくらい見知らぬ他人に対しても、人間は社会的に開かれている。そのポテンシャルをどこまで引き出すことができるかが、コミュニズムが可能か、コモンズが可能か、僕らが未来を配慮しながら生きていくことが可能かに関わっています。問題の根幹には、人間の構造があるのです。

そこでヒントになるのが、平野さんがおっしゃっている「分人主義」です。最初に聞いたときには、個人主義以上の個人主義という発想かと思ったのです。集団主義や共同体主義に対して個人主義があって、しかし個人だけではうまくはいかないから、さらに、「分人主義」だと。つまり、個人主義が持つヴェクトルをさらに徹底させると「分人主義」になる。そういう方向の考え方かと思ったのです。

しかし、平野さんの分人主義は、人間は個人ではなく、「分人」であり、その「分人」とは、individual（分割不可能な個人）ではなく、あくまでdividual（分割可能）な存在であるという発想ですよね。人間は、同質性・統一性を持った一つの個人としてあるのではなく、dividual なものの集合体であるという考えです。すると「分人」は、我々が個体の身体を、言ってみればコモンしている状況ではないかと思うのです。であれば、「分人」のコモンの側面が持っているポテンシャルをさらに外に広げていけば、「分人主義」からコミュニズムへというルートをつくることが可能なのではないか――そんな考えを持ちました。

平野　僕自身は小説を書きながら自分で考えた話だったのですが、文化人類学のジャンルでは、一九七〇年代くらいから、マッキム・マリオット[4]という人が、「dividual（分人）」という用語を使用し始めていたようです。興味深いのは、文化人類学のほうの「分人」の意味は、実は僕の発想と逆なのです。

僕の「分人主義」の考え方は、身体は、ある分割不可能な同一性を維持しているけれど、主体概念は、一個の同一性に収まるモデルではなく、対人関係ごとに分化して複数的に同居している、というものなんですね。この「分人」による人間のモデルのほうが日常の現実に近いのではないかという発想でした。しかしマリオットの南アジアの研究を通じて出てきた dividual は、身体というサブスタンス（実体）の次元では、「食物、儀礼、性行為、日々の会話」などを通じてコードのやりとりがなされていて、そうした交換を通じて人間は部分的に移動し、混ざり合い、変化してゆく、というもののようです（中空萌、田口陽子「人類学における『分人』概念の展開——比較の様式と概念生成の過程をめぐって」）。その後、分人という概念はさらに発展しているようですが。

ハラリの『ホモ・デウス』の中にも dividual という言葉があって、彼の議論はもうちょっと単純で、内臓器官の自律性など、身体に分化の可能性があるという話です。実際、移植手術や再生医療など、身体も部分ごとに取り換え可能であり、必ずしも全体としての同一性を維持していないというのは、多くの人も了解している話でしょう。それらは、主体概念は同一性を維持しているけど、身体のサブスタンスの次元では分化可能だと考える dividual で、一方、僕の「分人」は、元々、身体自体は同一性を維持しながら主体概念のほうが分化するという発想だったのです。

いずれにせよ、共通しているのは、個人という概念は、一人の人間の同一性を維持するために他者性との区別を明確化している、という点です。他者との間には、はっきりと divide できる境界線がある。しかし、構造主義の議論を通じて、言語が他者としていかに個人を貫通し、また滞留していくのか、ということを考えていたときに、にもかかわらず、人間は independent であり、個体としては individual で、他者とは逆に divide されて自他として明確に区別され得る、というのは、おかしいんじゃないか、と気になっていたのですね。

個人というのは、内的に同一性を維持している、なんてことにはなり得ないはずで、僕は、主体概念を言語的なコミュニケーションを基礎に再考しました。つまり、他者との間には、会話を通じて、常に言語が共有されているので、言語を介して、目の前の他者の他者性もどうしても流れ込んできます。その他者の他者性にも、すでに他の多くの他者の他者性が混ざり込んでいるわけですが……。ですから会話の中で、個人をindividualなものとして純化して、一個の主体として捉えることは難しく、コミュニケーションの数だけ、他者性が四方八方から常に流れ込んでくる状況があります。そのとき、内的には分化可能であっても、他者との間にindividual（分割不可能）な関係性が確認できるのではないのか。それが僕の考えで、人類学で言っている身体のdividualというのも結局、性交や労働はじめ、さまざまなコードを通じて他者に向けて身体的には開かれているという話ですから、その考えを、僕の言っているdividualの話に接続させることは可能な気もするのです。

大澤さんがおっしゃった、内的な分人が、身体をコモンとして所有するというのは、とてもおもしろい発想ですね。と同時に、主体概念として誰かと他者性を共有し合っている場合に、その人との共同作業という中では、身体の部分的な共有ということも考えられるのではないか。これは多分、今注目されている「ケア」という概念とつながっていく話だと思います。分人関係にある他者の介護などは、自分から切断された他者的な身体のケアではなく、共有された身体のケアなのだ、と。

ただ、そこで脱着の可能性が確保されていないと、暴力的な関係に巻き込まれてしまう懸念もありますので、そこは自分の中の複数の主体が常にそれぞれの関係を批評的に見ていて、ある人との関係で逃れられなくなっているのを、他の「分人」から見て、その関係は切断すべきではないかと判断していく。それが、僕の「分人」の一つのアイデアなのです。ですから、コモンの問題に関わるときにも、全主体でそこに関わるのは危険ですし、実際、不可能だと思うんですね。自分のある部分で関わりながら、他の「分人」が常にそれを批評的にチェックしているという状態が求められるのではないか。

コモン的な「分人」の可能性

大澤 平野さんの「分人」は、文化人類学などを研究していると受け入れやすいところがあるでしょう。僕らは、規範的な文化として西洋の諸々を取り入れ、そこから個人主義も受け入れています。この地球上で最も個人主義的な文化を標準のように捉えている。しかし他の文化では、西洋における個人主義と比べれば圧倒的に非個人主義的にできています。日本の社会も、明らかにそうですよね。文化人類学者が研究している社会は、平野さんがおっしゃる意味での「分人」的なところが多いです。たとえば「今の君とこの間の君とは同じとは言えない」なんてことが平然と起きる社会です。ですから特に主張しなくても端《はな》から「分人」だといった例がたくさんあるでしょう。「分人」とは、完全に持続的に自己同一性を保つ「個人」よりも、人間の自然に近いところにある。個人のほうが作為的であり、分厚い文化的装置が必要なあり方とも言えます。

平野さんの「分人主義」を聞いて、文化人類学より、浅田彰さんが『逃走論――スキゾ・キッズの冒険』（ちくま文庫、一九八六年）で論じた、「スキゾ」と「パラノ」を思い起こします。「スキゾ」はスキゾフレニア（統合失調症＝一九八四年の発表当時は、「精神分裂病」と呼ばれていた）、「パラノ」はパラノイア（偏執病）です。何らかの同一性に執着して定住する「パラノ」の状態から分裂するように解放され、「逃走」するのが「スキゾ」で、「スキゾ」な生き方を推奨する内容でした。これは、ドゥルーズ＝ガタリの(5)『アンチ・オイディプス』（河出文庫、二〇〇六年、原著は一九七二年）の影響から生まれています。平野さんの著書

『「カッコいい」とは何か』（講談社現代新書、二〇一九年）をふまえて言えば、当時まさに「カッコいい」思想ということで一世を風靡しました。

平野さんの「分人」に同じものを感じたのではなく、むしろ違いのほうに興味を持ったのです。どのような違いを感じたかというと、浅田さんの「スキゾ」の基調となる態度は、本のタイトルにもあるように「逃走」です。そこには、ポジティヴな目的はありません。既存の何かからどれだけ「逃げる」かといった、いわば否定の発想です。それに対して平野さんの主張は、「分人」をベースにポジティヴな生き方をして何かを構築しようという方向性を感じます。浅田さんの「逃走」とは、時代の違いも大きいとは思っています。しかし「分人」には、「分人」をベースにして逃げた先に一つの生き方であり、共同性を構築できるのではないかと感じています。

たとえば、「分人」について考えると、個人の身体の中にすでに社会が入っている。個と社会が分裂しているのではなく、個というものの中に常に社会性が入っている。個でさえ社会性が入っているわけですから、そのことをベースにして考えていったときに個人と個人が競争し合いながら私的所有を主張し合うというタイプのシステムとは違うものに向かっていく可能性が見えてくるかもしれない。そういう予感を持つのです。

平野　パラノイア的なものに個人の主体のすべてが巻き込まれていくことに対する批判という観点からすると、まったく同感です。ただし、人間が何か一つのプロジェクトを実現しようとすると、どうしても一定期間、誰かと共同作業をせざるを得ません。人間は社会的な動物です。そうすると、「スキゾ」では何も生まれない。だから一つのものにパラノイア的に巻き込まれず、かつ一定期間、ある人たちと共同作業をするためには、むしろ巻き込まれるプロジェクトを複数化し、相対化していく戦略しかない。人や集団との関係の中に自分がインヴォルヴされていくときに、別の「分人」で関わっている人にその話をすることで「公開性」が保たれる。「それ、ちょっとやばいんじゃない、やめたほうがいいよ」という助言も受けられます。自分の内的な複数性と他者への公開性を通じて、関与しているさまざまなプロジェクトや、その場における自分を批評的に認識することで、誰かとの一定期間の共同作業が可能になる。

政治であれ、宗教であれ、恋愛関係であれ、何かにのめり込む際、常に「分人」化された複数の主体が相互に開かれていれば、批評的に検証しながら、やめるべきかどうか、どのくらい関与すべきかを把握できるでしょう。

僕自身の語り方の問題もありましたが、本来、「分人」という概念は、そういうニュートラルな分析概念です。個人というものは、コミュニケーションの場に応じて、どうしても主体が分化してしまう。これは観察可能な現象です。その上で、たとえば、学校でいじめられて自殺しようと思うまでに追い込まれている子が、いじめられている自分を「分人」として相対化することで、自殺をせずに済む場合があるのではないか。もちろん、「いじめ」は暴力ですから、その状況だけ捉えれば、いじめている側が悪いのは当然ですが、彼らも家庭環境に問題があるケースが大半です。家で親から虐待されていたり、生活が苦しかったり。いろいろな問題があってストレスを抱えている。そのストレスから、一種の悪いバランスとして、学校での「分人」が攻撃的な形で生じている、ということも多いでしょう。これは、分人という概念に基づいた、具体的な対処法の次元であって、好きな分人、嫌いな分人の比率を考えるというような話も、いわば助言なのですね。

分析概念として「分人」を導入すれば、主体をむりやり同一性のもとに見ないで済む。まずは現状分析を行った後に、その上で自分にとって生きやすい「分人」の比率を上げていくといったことを考えていくべきで、そっちのほうは、僕の人生論みたいな話なのですよね。

大澤　確かに「分人」という分析概念をしっかりと自分のものにすることで解放的な状況を手に入れられる効果がありますよね。個人に執着し続けるより、「分人」もまた「本当の自分」であると認識することによって、自由になれる面がある。ある「分人」が酷い目に遭っていたとしても、それによって自分のすべてを否定されるわけではないのだと。

平野　キャンセル・カルチャー[(6)]に対しても、「分人」的な発想が必要だと考えています。何か悪いことをしてしまった結果、職を失うことはあり得るでしょう。しかしその一点だけで一人の人間を社会全体から排除してしまうことになると、社会は不安定化します。

罰の一方で赦しについて考えてきたのも人間です。ネットにおける炎上騒動やキャンセル・カルチャーについては、問題の発端になる、たとえばセクハラやパワハラがあった場合、その事実について問題化すること自体は、もちろん必要です。ただ、それが私刑のようになってしまうと、そこには量刑の判断の基準もなければ、その人が、どういうプロセスで社会に復帰していくかも不明です。しかも、個々の事例には程度の差があり、本人の反省や被害者への謝罪、和解の有無があります。その辺があまりにも粗雑に扱われています。問題を起こした人とそれまでの実績について、実績は実績として評価すべきだという議論の際にも、一つの分化できない主体に無理に統合して責任を負わせるより、分人に着目するということは必要だと思います。ただ、その上で、そのような分人を抱え込んでいるということの社会的な評価はあるでしょう。結果として、公的な場での活動は当面は不可能だろうと判断されるような過ちもあります。

「分人」化自体はいろいろな形で起こります。嫌な「分人」化をしている人もいます。たとえば、普段は普通の人のように見えていて、裏で悪事を働いている人もいる。そういう事態は、当然、起こり得ます。しかし、違法活動に手を染めるような反社会的な「分人」を抱えていると、他の「分人」を自由に発展させて維持することができなくなります。刑法に触れれば、収監されてさまざまな分人化の自由を奪われるわけですし、社会的な制裁もあるでしょう。遵法精神はもちろんですが、個人の中の「分人」たちによる葛藤も、暴走の抑止力になるはずです。

さらに内的な主体の分化という問題が、僕の前期の「分人主義」の中心的な課題であったとすると、今は課題として、環境との関係をより重視しています。個人が自己責任的にコントロールできない外部要因を考えると、社会制度もあれば、自然環境もあります。たとえば、気候変動を考えると、そもそも自分の身体を維持する上ですごく大きい外部要因で、温暖化が進めば、夏なんかは外出するだけで不愉快になる人が増えますし、災害で家を失ったり、復旧まで苦労したりということが多くなる。

よく「分人主義」の話をすると、家で一人のときは他者が存在しない状況だから、結局それが本当の自分なのではないかと言われます。僕はそのようなときでも、環境との相関性の中で人間が考えることは全然違うと思うんです。刑務所の独房の中でも一人ですし、豪華な温泉宿で一人泊まっているときも同じ一人ですけど、身を置いている環境によって考えること、感じることはまったく違います。自分は、惨めな人間だと凍えながら思うのか、人生はいいものだと温泉宿で一杯飲みながら感じるのか。そのときに対人関係とはまた違った環境の次元の分人化の問題が存在している。

地球環境が過酷になればなるほど、僕たちは自己意識も含めて生きていくのがつらい状況になるのはわかりきっています。ですからエコロジーに関しては、最近の真夏の酷暑や、あるいはコロナをはじめ、人間が活動する上でどうしても身体性をベースとしながらしか活動できない状況が以前よりも過酷に突きつけられてきています。活動のベースである身体を維持することと、環境問題が密接に結びついてきている。社会的な存在として生きていくことが、環境問題と自分の身体を維持することの両方に深く関わっている。それが現在の状況です。しかし「分人」的に考えると、環境問題ばかり考えている自分ではなく、いくつかのことに関与しながら環境問題についても関わる自己を維持しないと、そもそもの身体の次元の自己を維持できず、社会活動もできない事態に陥ってしまいます。

大澤　僕らは、身体という形で大地に埋め込まれている状態とも言えますから、その地点から出発しなくてはいけません。平野さんが自著で提示したキーワードである「カッコいい」も、まず全身で感じることがベースです。僕らがコミットできることというのは、身体で感じるものなのですよね。おそらく今起きている問題の難しいところは、僕らの身体で感じる直接的な問題と、僕らが直面している未来に起こるかもしれない問題との間の乖離が大きい点にあります。

後者は、自分たちの寿命より長いスパンで環境について考え、行動しなければ、次の世代にとって取り返しのつかない事態が起こる可能性がある、ということに関わっています。それは、僕らの寿命という有限な身体の限界を超えたところにある問題です。一方、僕らが一つの身体を持つ動物であるという、誰もが否定できない現実からすると、今の身体的な快のほうが重要ですから、環境への配慮などできない、ということになるかもしれない。しかし、逆に人間の動物としての身体性を徹底して抑圧するような方向は、現在の生をおろそかにすることへとつながりますから、いわば本末転倒です。究極的にそうした矛盾についてどう考えていくかが大きな課題です。

資本主義が内包する未来という観念

平野　東日本大震災が起こるまでは、僕らの生活のタイムスケールとしては、来年のことを言ったら鬼が笑うと言われるような短いもので、何時間後や何日後、何年後ぐらいのレヴェルのことしか考えてきませんでした。それが突然、一〇万年間、放射性廃棄物を保管するにはどうしたらよいのかと問われ、一〇万年というタイムスケールを考えさせられるようになりました。もしくは大地震発生の周期も数十年、数百年、一千年単位だったりします。さらに地球が住めなくなるかもしれないというような、巨大な影響力について考え、そのために未来に何をしなくてはいけないかを考える状況は、はじめて人類が経験していることです。

他方、ジャレド・ダイアモンドやハラリの本に書かれている人類がアフリカから出発して、地球上に散らばっていったという歴史も、一〇万年単位の時間の流れで捉えるものです。

人間が数万年後のことに対して問題を少しでもリアルに考えるためには、どのようにその時間にアクセスするのか。それを考えると資本主義は、環境を破壊し続けている一方で、一〇〇年後、二〇〇年後の地球を大事にしなくてはいけないという物語を現在の利益に引きつけて、現状を変えさせる力の一つにもなり得るでしょう。資金が集まり、環境により負荷の少ない状況や商品を生み出すことが可能になるわけですから。

SDGs的な発想は、斎藤さんの議論では、「大衆のアヘン」ということになりますし、確かにいかがわしいグリーン・ウォッシュも目につきます。しかし、再生可能エネルギーの比率を高めることは現実的な課題であり、その最低限の前提でしか脱成長は進めていけません。ですから、万年単位の時間にアクセスするための方法の一つとしては、資本主義の暴力によって破壊された環境を、コモン的発想で修正を加えた資本主義で克服してゆくという矛盾した物語も、捨て切れないのではないか。

もう一つは、大澤さんが言われたように、人間は意外と他者への共感を拡張できるのではないか。そこに希望をつなぐのは、当然だと思います。エモーショナルに、自分の子や孫の代がどういうふうに生きていくのかと想像する人もいるでしょう。もちろん子供がいる人、いない人、いろいろな人たちがいますから、今の子供たちの世代だけではなく、もっと遠い他者にまでどう拡張できるかが問題ですが。

大澤 神学者であるジョン・S・ムビティ[7]の『アフリカの宗教と哲学』（法政大学出版局、一九七〇年、原著は一九六九年）によると、アフリカ人の言語には、ヨーロッパの言語のような意味での未来という概念はないそうです。では、明日のことはどう言い表すのかと疑問に思いますよね。しかし問題はないのです。明日は広い意味での今の内だからです。明日は未来で、今日が今なんて区別はしていないのです。しかし、自分たちの現在の生活から大幅に遊離した抽象的な一〇〇年後なんて想定していないのです。自然の循環の中で生きている狩猟採集民やプリミティヴな農業をしている人たちも、来年についてもちろん話せるわけですが、それは現在の延長としてです。現在から切り離されたそれ自体としての未来という観念が、いかに独特の文化の中で生まれてきたものか。

現代人がことのほか、未来に敏感になっている一番の要因は、資本主義のシステムの中で生きているからです。資本主義を特徴づける行動は、投資という未来への賭けです。資本が未来において利潤（剰余価値）をともなって回帰してくるという想定のもとで、なされる行動が投資です。投資が成功するかどうかは不確実ですが、しかし、成功して利潤が得られると想定しなければ、投資はなされ得ない。資本主義のもとでは、ある意味で、みんな負債を抱えている。負債は、資本が利潤をともなって回収されれば返済されると想定されているわけですが、しかし、回収された資本は、さらに投資にまわされますから、負債が、完済される日は永遠にやってこない。これが資本主義です。

だから資本主義は——特に産業資本主義以降の資本主義は——ずば抜けて未来志向の態度をもたらす。僕らは、資本主義に適合的な時間の観念をすでに持っている。そういう未来志向性があるからこそ、また、環境問題についても、あれこれと配慮したり、考えたりすることもできる。つまり、地球の自然環境にとっては、資本主義は「敵」ですが、僕らが自然環境について配慮するときに必要な態度もまた、資本主義に親和性の高い時間観念からやってくるのです。そう考えると、資本主義は環境問題に敵対しつつ、環境問題解決のための主要な武器を提供していることにもなります。

絶望から始めよう

平野　地球環境と格差の話で言うと、第一章で、アメリカのＩＴ関連の大金持ちの中には自分たちだけが生き残ればいいという発想を持っている人がいることに触れました。それはユートピアなのかディストピアなのかは知らないですけれど、貧乏人たちが死んでいくのはしようがない。温暖化した地球でも息が吸えなくなるほど酸素がなくなるわけではないから、それに対応できるところに住もうといったシニカルな現状追認で開き直る大金持ちたちもいるでしょう。だからプライヴェートジェットに乗ってはダメとか、そうしたレヴェルの規制を国家権力と国際的な枠組みを通じて進めていかないといけない。レジでプラスチックのスプーンをもらわないなんて、「個人にできること」キャンペーンは、石油会社などが始めた責任逃れだという根強い批判があります。政治行動こそが重要です。

大澤　僕は、そのアメリカの大富豪の「ユートピア」への避難に、ある種の宗教的背景のようなものを感じます。本人も意識していない宗教的影響を、です。キリストは「神の国は近づいた」と言ったわけですが、その「ユートピア」は、神の国の世俗版です。それぞれの文明が持っている基本的なコスモロジーがあって、それは宗教の影響が多大です。現代では宗教の部分は世俗化されて、表にはあまり出てこないのですけれど、宗教の影響力が消えたわけではない。むしろ、そのために本人すら意識しない前提として利いているのです。

たとえば自分たちだけのユートピアに避難するのは、確かにエゴセントリックです。しかし彼らは自分たちが神によって選ばれ、救済されるはずと思っている。そういう人たちだからこそ当たり前と思うのです。神に祝福されている彼らにとっては、ノアの方舟みたいなものです。そうした宗教の前提が無意識にあるのです。

それにしてもどうして日本人は、こうした地球的な環境問題への取り組みに関して、ここまで疎かなのでしょうか。もちろんヨーロッパも万全ではないですが、それでも今、本気で取り組もうとしています。それは生態系全体の破綻は人類にとって極めて大きなダメージであり、普遍的な問題だからです。しかし日本の状況は、そもそも問題が問題であるという認識すら弱い。どうしてなのでしょう。

平野 今の日本では、普遍主義とまでいかなくとも、普遍的な価値に対する想像力が衰弱しているのではないでしょうか。日本特殊論に閉じこもり、韓国や中国よりは優れている、という妄想に淫しています。

思想史研究家の伊藤聡さんが『日本像の起源』（角川選書、二〇二一年）で詳しく書いていますが、そもそも日本は古代から「三国世界観」で、その三国とは日本、中国、インドです。それがすべてで、その後、「粟散辺土《ぞくさんへんど》」であるという辺境の自覚が、末法思想を背景に、今度はだからこそ本地垂迹説《ほんちすいじゃくせつ》で、仏菩薩がわざわざ神の姿を纏《まと》って日本に現れるのだと神国思想と融合し、元寇の「神風」で、いよいよそれが極まって、果ては秀吉の朝鮮出兵にまで影響している。その間、徹底的な自国中心主義で、すべての他国的なるものを都合良く「神国」日本に吸収し続けている。その後、ヨーロッパが大航海時代になって戦国時代から日本とも交易が始まりますが、江戸時代になると鎖国してしまいますよね。その間、たとえば、スペインのサラマンカ学派が、南米のインディオという「他者」と遭遇して、「自然権」という普遍的な権利を構想したとか、その後のグロティウスの国際法とか、そういう話からずっと隔離されていたわけです。黒船が来て、幕末になって慌てて欧米への留学が始まっている。その後は明治維新ですから、もう基本的には欧米に追いつけ追い越せです。「近代の超克」を含めて、日本と西洋とのギャップには非常に苦しんでいますが、共産主義も弾圧され、超国家主義へと飛躍し、結局そのまま、戦争に突入している。

八紘一宇などと言っていた日本の帝国主義でさえ、大東亜共栄圏止まりです。アジアの植民地で皇民化教育は行いましたが、世界全部を「日本化しよう」とは考えなかった。考えないほうがもちろんいいのですが、そもそも考えられなかった。良くも悪くも、日本人の想像力が地球規模に及ばないのは、もちろん地理的な条件もあったでしょうが、おっしゃる通り、宗教的な背景もありますね。

日本の明治期以降の帝国主義的侵略は、慰安婦問題を含め、人類的な見地に立って、その是非を問い、反省するという視点が欠落していて、日韓関係や日中関係もリアルポリティクスの中で、あちらがそれをどう利用している、こちらがどれだけ損をしているという話にしかなりません。世界が参照されるのは、よその国だって謝罪してないじゃないかとか、そういう自己弁護のときだけです。それらの問題が、人間の行いとしてそもそもどうなのかという視点が、しばしば驚くほど欠けています。

一方で近代以降、欧米的な価値観を受け入れてきたものの、結局のところ、それが上滑りしてしまい、いざ危機的な状態になったときに、普遍的な価値観に根差して新しい価値観を追求するような発想にまったくならなかった。シニカルに言っているわけではないのですが、ヨーロッパの歴史が示している地球の裏側まで支配しよう、宣教しようといった暴力的な面と、地球環境全体を捉え解決していこうと考える面とは、発想の根底のところで表裏一体なのではないか。善悪は正反対だとしても。

大澤 斎藤幸平さんは、現在世界中でなされている環境問題への取り組みがいかに不十分で、結局、経済成長を続けながら、環境負荷を下げようという虫のいいことをやろうとしている、ということを厳しく批判しています。その批判は、あたっていると思いますが、日本の環境問題への姿勢は、斎藤さんの批判の対象になる水準にさえも届いていない。それ以前の段階です。そもそも世界的な規模の問題だと考えられている事案を、問題だと認識して取り組むことをしてないのが、日本の現状です。

日本財団が二〇一九年に実施した、一八歳を対象にした九ヵ国の国際比較の意識調査があります。社会や国に対する意識を調査したものです。調査対象は一八歳なので、多くが社会人になる一歩手前です。この調査の中に、「あなたが解決したいと思っている社会的課題は何ですか」という質問があります。たくさん社会的課題が列挙されていて、その中から複数を選択してもかまわないことになっています。すると、いわゆる先進国的なところでは、だいたい、気象とか環境に関連する課題が上位にきます。

ところが、同じくらいの生活水準、似たような経済システムの中にいる日本の一八歳では、そうした社会的課題は上位には入らないのです。欧米の先進国の若者たちが、環境や気象に関連する課題を特に重視しているのは、たいていの社会問題は、一部の人にとっては深刻であっても、他の一部の人にとってはそれほどでもないといった深刻度に濃淡がありますが、気象の問題や生態系全体のカタストロフィックな破綻といったことは、人類全体の共通問題だからです。しかし、繰り返すと、日本の若者たちは、そういう人類全体の運命に関わる課題を、特に重視してはいない。

平野　現実を正確に認識できないという問題、それから、認識した後でそれに対処しようとしないという問題がありますね。

大澤　日本では、コロナに対してさえ政治は舵取りができていません。コロナも大きな問題ですが、環境問題ではさらに深刻な事態が起こり得ます。いやコロナも環境問題の一部です。

前章で今、人類は、コロナの問題に関して、キューブラー・ロスの『死ぬ瞬間』の五段階における第三の「取り引き」のステージだと言いましたが、視野を環境問題一般に広げたときも同じことが言えます。また、前章で、人類に必要なのは、次の「抑鬱」の段階のさらにあとにくる、「受容」のステージだと言いましたが、環境問題についても同じです。ここで、「抑鬱」を経由した後に、はじめて死に対して積極的な「受容」がくる、という点が大事です。

SDGsは、「取り引き」の段階と言えます。電気自動車を増やしたらなんとかなりませんか等々と、地球に相談している、譲歩を引き出そうとしている状態です。少し石油を使うのを減らしますとか、もしかして一〇年後にものすごいテクノロジーが生まれるかもしれないから、どうにかできないかと、地球と交渉しているのが現状です。日本の場合は、「取り引き」のさらに二つ前の「否認」の段階です。「あなたはあとひと月で死にます」と医者から告知されたとき、患者は最初、「そんなはずはない」と否認する。これと同じことを、日本は、気象的な破局に対して言っている。「そんなことないだろう」と。

しかし、本当に必要なのは、ロスの最終段階、第五段階「受容」です。すると、「取り引き」段階の手ぬるいやり方とは異なる真に断固たる選択が、第三段階にいたときにはとうてい無理だと思っていたような思い切った選択が可能になる。ただ、第五段階にいくためには、一旦絶望（第四段階「抑鬱」）しないとダメです。あえて逆説的なことを言いますが、今、本当に必要なのは、絶望することだと思います。中途半端な希望にすがりつこうとすると、どうしても、第三段階の「取り引き」で済まそうとしてしまいます。しかし、真に絶望したときに人間はもっと力を発揮すると思うのです。

「カッコいい」という美意識

平野　コロナが広がる中、『方丈記』を読み返したんです。天災、地震や竜巻、飢饉や火事など、ありとあらゆる災害の被害を被り、鴨長明がどうしたかというと、完全に隠者になります。これが日本を代表する随筆の一つとして教育にも用いられてきました。街中で困っている人を助けに行くことも、あるいは運命に抗って戦うことも、一切ない。西洋のように最終的に神様が見ているから、人に見られていなくても正しい行いをしなくてはいけない、という発想もない。みんな神様の子だから愛し合い、助け合わなければならないというのもない。ひたすら無常観で、孤独に生活する。その孤独の中で、案外一人も悪くないといった希望のようなものが最後にほの見えている。そういう精神が日本の文化として重宝されてきた。そして教育を通じてそうした生き方を学び、世俗化された形で無常観が一般の人にもかなり共有されています。それが大澤さんの言った、日本における無自覚的な宗教的前提のような形であるのかもしれません。

もっとも、『方丈記』の思想的意味について検討するようなことは教育の場でまったく行われていないと思いますが。ただひたすら、文法的にどう解釈するか、という訓練ばかりで。また日本で、普遍的な理念、たとえば「天」という形而上学的な理念を通じてものを考え、人倫を形成していくことができたかというと、それも難しかった。

先ほども言及しましたが、日本では、本地垂迹説が受け入れられてきました。仏教の本場はインドですが、その聖性が顕現する代理表象は、日本にもいくらでもあるのだと。日本にたくさんいた神々も、その他、寺でも神社でも何でもみんな垂迹化して、神仏習合が進んでいく。立派な何かが大元にあり、その大元にある本地と日本の中にあるものとの連続性を見出して、垂迹として価値化していく。それは、おもしろい現象だと思いますけど、本地そのものの思想は弱くなっていってしまいますね。日本的なる思想とは、一体何だったのか？

僕が「カッコいい」という概念に関心を持ったのも、戦後の「人倫の空白」という状況を、ある程度、それが満たしていったと見ているからです。存在論的な仏教や道教にではなく、むしろ朱子学にそれを求めた結果、江戸時代は「義理」という概念が、統治に利用されていきました。その体制肯定的な思想は、国学とは別の流れとして明治以降の大日本帝国に延命して、天皇神格化を支えた教育勅語の世界観に接続している。戦後は、その流れが一旦途絶え、再び人倫の空白をどう埋めていこうかとなった。そのとき、若い人たちを突き動かしたのは、「カッコいい」といった価値観だったのではないかというのが僕の理解です。この言葉が流行し始めたのは一九六〇年代でした。いろいろな人に憧れながら、人生の方向性を見出し、特に資本主義と民主主義に非常に親和的であったので、大衆動員も商品の宣伝もカッコよさを通じて可能だった。ですからＳＤＧｓや、環境問題にセレブが積極的に関わることで、「カッコいい」化していくのは、くだらないことのように見えるかもしれないけど、僕は一つの戦略としては評価します。

大澤　美意識は重要です。だから「カッコいい」も重要なのです。カッコいいと感じなければ、行動できません。しかし、美意識だけで勝負していくと、ローカルな思想にとどまります。ですから美意識を普遍性にどうつないでいくかは大きな課題でしょう。

僕は一つの戦略として、日本の思想の中にある、プラスアルファの余剰の部分とでも言えるところに可能性を見ています。結局、三島由紀夫は失敗したけれど、三島が為そうとしたことはこういうことではないかと考えています。三島は、日本の思想がどこかみすぼらしいものであることがわかっていたはずです。ただ、ヨーロッパの教養にあれほど通じている三島であっても、それをフォローすることをよしとしなかったし、そのヨーロッパ的な哲学や思想にも心底からは納得していなかった。結果的に彼は自身の創った幻想の日本に殉じたのです。

では、僕のプラスアルファがどういうイメージかというと、たとえば、国学思想で考えましょう。国学は、単純に捉えれば、すごくつまらない国粋主義のイデオロギーになってしまいます。しかし国学が生まれる前に、まず江戸時代当時の儒教の浸透・流行があったことをふまえる必要があります。当時の儒教的な正統性の中心にあった朱子学から始まりますが、それは、日本人にはピンとこなくて、荻生徂徠[8]などの日本化した、異端の儒教が登場する。それに対して、本居宣長[9]は、当時の普遍思想である儒教を漢意《からごころ》として、強く拒絶するわけです。代わりに宣長は、大和心《やまとごころ》を置く。大和心を称揚する部分をそれだけで見ると、シンプルな国粋主義に見えますが、それは、漢意の持っている普遍性に対して、一つのアンチテーゼを提起しようとして、導かれているものです。つまり、漢意には、自分たちをも納得させるような真の普遍性はない、という直観に基づいて大和心が提起されている。ということは、大和心には、漢意を超える別の、ほんものの普遍性につながる手がかりがあり得るのです。

宣長の国学思想をただ単体で見ると、たとえば日本は、世界を照らす「太陽」そのものである天照大神《アマテラスオオミカミ》が生まれたところだから偉いんだといった、誇大妄想になってしまう。しかし、宣長という人は、学者として超一流で、とても合理的な人でもあるので、こんな狂信的なお国自慢とはうまく適合しない。実際、これは宣長の研究者を悩ませていた問題でもあります。しかし、これも当時の普遍思想である漢意への違和感を表現するための苦肉の策だったと考えると、別様に見えてきます。

日本の伝統が持っているエートスやイデオロギーのど真ん中だけを見ていれば、やはりたいしたものは見つかりません。どこか少し辺境的な部分、外れの部分——日本自体が辺境文化ですが——日本思想のそのものの中にある辺境の部分に可能性というものを見つけることができるのではないでしょうか。

普遍思想は日本では育たなかったものの、何度か普遍思想に震撼し、それに惹かれ、それこそ「カッコいい」と感じた瞬間があったと思うんです。たとえば、明治時代には、西洋の普遍性に魅了された瞬間があったと思います。あるいは第二次世界大戦の敗戦のときもそうだと思います。アメリカの民主主義の普遍性に圧倒された。しかし同時に、日本人は、それらの普遍性に——魅了されつつも——違和感も抱いてきている。その違和感を巧みに活かせば、真の普遍性への道も開かれるかもしれない。

第二章でイチローの話をしましたが、イチローの方法もまた、今述べたような筋に乗っています。まず、アメリカ由来のスポーツである野球に魅了される。しかし、同時に、アメリカで主流の野球のやり方、ピッチャーとバッターが力と力のぶつかり合いという形で対決するやり方に、違和感も覚える。それでは、野球というもののポテンシャル、野球というもののおもしろさを尽くしていないのではないかと。そこからイチロー的な方法が生まれてくる。するとそれは本場のアメリカの野球よりもいっそう「普遍的」な野球になる。

というわけで、僕は、日本の文化や思想にも可能性がある、と思うのですが、実際には、かなり難しい……。

憲法九条をめぐって

平野　結局、日本の場合は、普遍思想からますます離れていくような懸念があります。当然ではあるのですが、日本人は、明治維新を日本の歴史と思っています。ですが、中国の思想史の先生などと話をしていると、明治維新は東アジアの近代化の最初の成功事例として認識されています。その成功がいかに帝国主義的に発展していったのか。彼らは、侵略された側の立場からクリティカルに見ています。それは韓国人も同様です。そのたった一つの視点を導入するだけでも、日本人の明治維新とそれ以降の見方は変わってくるはずです。東アジアではじめてヨーロッパ的な近代化に成功したものの、それがどのような末路をたどったか。そのプロセスを東アジアの他の国から見るという相対的な視点だけでも、日本人が他者を通じて普遍ということを考える態度は変わると思います。

一方でどうしても日本的なものという発想自体がローカルな思想になってしまいますけれど、それでも美意識だけはとても洗練されていたこともまた事実です。葛飾北斎が今また世界的に大ブームですが、実際、不思議なほど高水準の作品を生み出しています。日本人のアイデンティティもそうしたところに寄りかかってしまうため、ここに日本のよさがあるみたいな話になりがちですが、線とか色彩とか、世界の人たちが何を評価しているのかは、やはり普遍的とは何なのかということを考えるきっかけになるでしょう。

大澤　意見が分かれるとは思うのですが、日本に関して少しだけ希望を持っていることについて言います。日本人に普遍性というものに対するセンスの片鱗があると思う点があります。それは屈折した形ではあるのですけれど、憲法九条です。九条は、これほどないがしろにされた条文はありません。法哲学者の井上達夫(10)さんは、憲法九条削除論を唱えています。明らかに、九条に反することがなされているのに、極めて不自然な解釈によって合憲だということにされてきた。こんなことを許していたら、九条だけではなく、憲法全体、いや法意識全体が腐ってしまう。それくらいだったら、病根である九条を削除してしまったほうがよい、というのが井上さんの意見です。癌が日本人の法意識全体に転移する前に、病巣を取り除こう、というわけです。自衛権自体は、憲法以前の権利ですし、具体的に国防やセキュリティについてどうするかということは、法律やその都度の政策によって十分に対応できる。この井上さんの議論は非常に筋が通っているし、説得力があります。

しかし、それならば、日本人は思い切りないがしろにしてきたにもかかわらず、なぜその九条にものすごく強い執着を持っているのだろう、と思うのです。日本国憲法は、非常に短い憲法です。字数が非常に少ないほうに属する。その理由は、戦後の間もない時期に、まだいろいろなことも決まっていない段階で、異様に急いで突貫工事でつくったこと、そして一九四六年に公布されてから一度も改正されていないことにあります。憲法を何度も改正すると、長くなる傾向があります。もともと大急ぎで間に合わせ的につくった憲法だし、その後いろいろ新しい変化も起きたりしているのですから、九条は措くにしても、憲法をいくらでも改正したらよいのに、日本はそうしなかった。世界の現行憲法の中で一度も改正されなかった時間が最長なのが、日本国憲法です。歴史上、「一箇所も改正されなかった期間」が最も長いのは、かつてのイタリア王国憲法らしいのですが、日本国憲法はその次に長い。もう数年すれば、イタリア王国憲法のケースを抜き、史上最長になります。

どうして日本国憲法はまったく改正されなかったのか。その原因は一つだけで、九条があるからだ、というのが僕の見立てです。精神分析的に説明されるべき理由があるのです。僕らは、憲法改正と言うと、必ずまずは九条をどうするか、ということを思います。九条は、国論を二分するような問題なので、それ以外の、わりと合意されやすい箇所をどんどん改正していけばよいではないか、と普通だったら思います。しかしそれができないのです。どうしてか。どの条項であれ、憲法のどこかを一箇所でも修正してしまえば、九条の改正にもつながるのではないか、という無意識の恐怖があるからです。日本人は、憲法というものを、まるで「神の言葉」みたいに、変えることができない特別なもののように感じているところがあります。もちろん、憲法は人間がつくったもので、正当な手続きを踏めば変えられることは知っているのですが、にもかかわらず、憲法を不変の聖典のように感じているところがあるのです。すると、どの条項であれ変更することに成功すると、あらためて「ああ憲法って変えることができるんだ」と思うことになるのです。その「変えることができる」という性質が、九条にも伝染したらどうしよう……というのが日本人の恐れていることです。

ということは、日本人には、九条への執着があるのです。改憲論者でさえも、いつまでも議論だけして、改憲へと本当には踏み出せないのですから、結局、どこか九条に執着しているとしか思えません。かつて左翼は、「天皇制反対」とか「天皇制廃止」とかを唱えていましたが、それ自体が、裏返しの天皇制への執着でした。その右翼ヴァージョンが、九条改正論です。

では、なぜ、そんなにも九条に執着しているのか。それは、九条に、どこか崇高なものがある、と感じているからです。九条に表現されている道義的な理想には、強い普遍的な説得力がある、と。九条改正論者だって、九条が正義に反しているとか、間違っているとか言っているのではありません。九条を改正したほうがよいと考える理由は、政治や外交のリアリズムに合わせるべきだからとか、事実上の軍隊を持っている日本の現状と矛盾しているからとか、そうしたことです。つまり九条には、現実離れした道義的な崇高性がある、現実離れした理想がある、というのが改正しない理由です。ここからは、日本人にも普遍的な正義というものを求める気持ち、そういうセンスがあることがわかります。

とはいえ、他方で、日本人には、それを十分に実現するだけの気概もない。結局、蹂躙《じゅうりん》しつつ維持する、という奇妙に倒錯的な仕方で、日本人は九条に接してきました。現実的にいかに問題があっても、九条と決別できないのは、日本人は、平野さんふうに言えば、九条に、「カッコいい」と、魅力を感じてしまっているのだと思います。その魅力を感じたところに可能性を見たいわけです。小さな可能性ではあるけれど、それをどうやって大きな炎に変えていくか。それが今後の課題であり、日本における普遍性というものを考える上での一つの足がかりだと捉えています。

日本に最も欠けているもの

平野　一九九〇年代頃まで言われていた普遍主義と、今言われている普遍主義では「普遍」の質が少し変化していると感じています。九〇年代までは、グローバルといっても、かなり抽象的に捉えられていました。情報自体が限定されていたからです。世界にどういう他者が存在しているか。そのこと自体が曖昧だったため帝国主義への反省から、他者的なものは尊重すべきであると、考えようとしていた。「普遍」という概念の暴力性が批判され、多文化主義の「正義」をめぐって随分と議論がされました。

けれど今は、インターネットが登場して、それぞれの地域に住んでいる人たちの実情もかなりわかってきています。NGOや個人レヴェルでの発信も盛んです。それぞれの国や地域にいるマイノリティや女性の置かれている状況がつぶさに伝わってくる。すると、自分が住んでいる社会の実態と、実はかけ離れているわけではないこともわかります。極端な例で言えば、女子割礼などは、一種の「文化」でもあったかもしれませんが、その文化の中にも抑圧者と被抑圧者は存在しているわけで、自分たちが住んでいる世界の女性への人権侵害の延長上で理解することはできる。重要なのは、それぞれの文化の中に、多かれ少なかれ差別構造があり、多文化の尊重というとき、その抑圧者側に立ってはならないということです。抑圧されている側への共感を通じて、そうした行為は間違っている、やめるべきだと言えるほどの距離の近さは生まれています。ただ、イスラームの女性に対する認識などが典型ですが、その共感が一方的ではないのか、という批判は常にあり、カテゴリーとしてではなく、制度内の個人の声を慎重に聞く必要がありますが。

昔の情報不足の他者に向けて、暴力的に普遍主義を押しつけることを否定していた時代よりも、暴力性を自省する材料自体は増えています。地球全体がますます「一個的」となっているような状況の今、各地域の問題について、コミットし得る可能性が高まっている。地球全体で取り組まなければならない気候変動のような課題もある。それは、批判のターゲットが主に資本主義だから、各国の「文化」にタッチしなくていいという理屈でしょうが、ジェンダーギャップなど、資本主義はもちろんですが、「文化」とも深く結びついた構造的問題でも、やはり介入は強くなっています。むしろ、日本も例外ではないですが、第三者から指摘されないと、自国内では克服できない問題もあります。個別の事例にもよりますが、基本的人権の尊重といった普遍主義は、それぞれの国の支配的な人たらにとっては、外来の暴力的なものに見えるかもしれませんが、弱者にとっては、肯定的な普遍主義として受け容れられるかもしれない。フェミニズムもそういう見地に立っている。

その観点から日本の話に戻すと、北斎についても言いましたが、日本的でローカルなものとして見えている何かが、実は普遍的なものだという場合もあるはずです。谷崎潤一郎[11]の『陰翳礼讃』など、日本的な価値観の典型のように読まれていますけれど、陰影をデザイン的にコントロールするという発想は、光と影さえあれば、どこにでも通じる話で、日本にだけの特殊な話ではありません。そうしたことがいろいろあると思います。四季を愛するのは日本人だけだと保守派は言いますが、ヴィヴァルディは日本人なのでしょうか？　なんだ、じゃあ違うのか、というだけでなく、むしろ日本人の四季の愛し方を通じて、日本的なるものから普遍性へと飛躍する経路があることを見るべきでしょう。遠い存在の普遍主義ではなく、どこかで地続きの道がある、と。

大澤　その通りですね。九〇年代は、他者と言っても観念的なものに過ぎなかったんですよね。だけど今は違う。それは資本主義がグローバル化したことの反作用でもあります。たとえば二〇世紀までは、我々の文明と本当に縁のない人たち、あるいは関係が薄い人たちがいた。そういう状況で、彼らの文化も尊重しなくてはいけないと言っていました。しかし今は、たとえばアマゾンの奥地に行けば少しは残っているでしょうが、資本主義と関係がないと言い切ることができるような辺境はほとんど存在しなくなっています。生活や文化が違うと言っても、資本主義の末端の中で生きている。その人たちを何かまったくの他者であるかのように扱うのはおかしいのです。そういう議論の中でプラクティカルに普遍的概念が鍛えられてきました。二〇世紀の後半から終わり頃は、普遍主義批判が一般的でした。だから普遍性というものは一旦死んだのです。今、僕らが欲しているのは、一旦死んだ普遍性をアウフヘーベン（止揚）した普遍性、ヴァージョン・アップした普遍性です。だからそれまでのヨーロッパ中心の普遍性をいくら探しても、それは形骸であり、見つかるのは死体だけです。これから必要なのは、それまでの普遍性を否定した上で成り立つ普遍性です。

普遍的な思想で言えば、現在のように国際関係が大きな変化を遂げている状況下、考えないといけないことがあります。日本とアメリカは共依存状態と言える関係ですが、特に日本側のアメリカへの依存度が高い。アメリカは日本がついてこなくなったらプラクティカルには不便かもしれないけれど、精神的なダメージはあまり大きくはないでしょう。しかし日本は、アメリカという指針がなくなった場合、アイデンティティ・クライシスのような状態になるであろうことは想像に難くありません。今後、国際関係の基軸は、米中対立になっていくことは間違いありません。そのとき、日本は地理的に中国に近く、経済面でも中国からかなり大きな利益を得ている状態です。しかし精神的にも、またセキュリティの面でもアメリカに大きく頼っています。仮に日本がアメリカとの連帯を維持するにしても、その理由が必要になってくるでしょう。

アメリカと中国が対峙している状況は、無人島の領土問題レヴェルではなく、世界観の違いという究極的なレヴェルです。かつてのように資本主義vs.共産主義という対立軸ではなく、互いに別の形の資本主義、世界観を持っている大国同士の争いです。日本は今、「こちらのほうが得だから」といった意識にとどまらず、リベラルデモクラシーと権威主義など、さまざまなイデオロギーの対立も含んだ、普遍的大義に対してどうコミットするかといった意識が求められる局面になっているのです。米中が争ったときにどこで妥協すれば、日本は得かなんて言っている場合ではありません。仮にアメリカ側に日本がつくのだとすれば、自分たちはどういう世界を推進しようと考えているのか。その理由を明確に表明して、進んでいくべきときに来ています。そのためにも僕らが推す大義が何か。それを考える必要があるのです。

今、アメリカもすべてにおいてうまくいっているわけではありません。グローバルな資本主義が、まさにグローバルな環境問題に直面し、今後どう対処するのか。そうした大きな困難にぶつかっています。そのグローバルな資本主義を支えている代表がアメリカですから、アメリカも行き詰まっていると言えます。もちろん、だからと言って中国の体制が素晴らしいとも思えません。日本はアメリカ寄りかもしれないけれど、アメリカ的な資本主義を全面的に支持し、応援できる状況ではないとすると、一体どういう世界をめざしていくのか。それがどういう普遍的な大義に基づくものなのかを示していかないとなりません。そうした振る舞いができなければ、日本は、世界的に見て「不要不急」の国になってしまいます。

普通、愛国主義者と普遍主義者は、対立すると考えられています。国を愛していると称して、国益第一の人が一方にいる。他方には、人類のための普遍的大義が第一であって、日本のことなどどうでもよい、という人がいる。前者は、偏狭です。では後者が立派かというと、よく考えてみると——三島由紀夫も言っていたように——後者もあまり信用できません。「私は人類を愛しているのであって、日本などどうでもよい」と言っている人は、本当は人類も愛していないからです。本当に信用できるのは、愛国主義者であるがゆえに、普遍主義者であるような人だと思う。日本を愛しているからこそ、日本に偏狭な利己主義者であってほしくない、日本に普遍的な大義のために行動してほしいと思う人です。

平野　僕は今の日本に欠けている大きなものの一つは、「根拠」だと思うんですね。安倍晋三元首相の「世界の中心で輝く日本」はじめ、「日本スゴイ」論がこの間言われてきましたが、何か根拠があって言っているわけではありません。実体が何もない。経済指標その他の数字を見れば、日本の退潮が著しいことは明らかなのに、根拠はないけれど、「日本はスゴイ」という妄想だけは膨らんだ。それはコロナ禍においても見えた、日本の中にある反科学主義とも通底しています。普遍性といったときに一番世界的に説得力がある価値観の一つは、科学です。なぜなら、再現性が誰に対しても開かれているからです。コロナに関しても、思想や戦略的にどう封じ込めるかより、普遍的に共有されるのは、科学だったはずです。それが日本の場合、対策がその科学に背を向けてきた。緊急事態宣言をするかどうか、解除するかどうか、すべてこの期間のそれぞれの首相の勘か政治日程、あるいはオリンピックの都合などに左右され、科学をご都合主義的に取捨選択して採用していました。

何を考える上でも根拠というものがないと、どんどん曖昧で適当で、無理強い的になっていくだけです。今後、根拠をもとにものを考えるということが、日本人が普遍的な価値に向かって鍛えられていくための一つの重要な試金石だと思います。

第五章

「国を愛する」ということ

ロシアのウクライナ侵攻をめぐって

コロナ禍のさなかの二〇二二年二月二四日、ロシアがウクライナへの軍事侵攻を始めた。見通しが不透明な時点（四月下旬）での対談ではあったが、両国をめぐる西側諸国と日本の対応から、この先の世界を展望する確かな視座が示された。本書の締めくくりとなる本章では、正義のあり方を議論する。

西側のダブルスタンダード

大澤 二〇二二年の二月、ロシアがウクライナへの軍事侵攻を始めました。世界中が衝撃を受けたわけですが、私たちが今考えられること、そしてこれからのために考えるべきこと、また、今後の可能性について議論していきます。ただ、このロシアによるウクライナ侵攻が、どういう意味を持つのか。それが実際にわかってくるのは、何十年か経ったあとのことだとも考えています。

まず、最初に連想したことからお話しします。今回、アメリカは戦略的な目的もあったのでしょう、ロシアがウクライナに軍事侵攻する可能性があると、その情報を秘匿せず、侵攻前から公言していました。アメリカが他国による軍事侵攻の可能性を対外的に発表するわけですから、かなり明確な根拠があったのだと思われます。そして西側諸国が中心ですが、多くの人がその情報を知っていました。しかしロシアが実際にウクライナへ軍事侵攻を果たしたとき、多くの人が驚いた。予告していた当のアメリカのバイデン大統領でさえ、驚いたのではないかと思っています。

そこで何を思い出したのかというと、フランスの哲学者であるアンリ・ベルクソン(1)が『道徳と宗教の二つの源泉』（一九三二年）の中で書いている、第一次世界大戦が始まった際のことです。開戦直前のヨーロッパはかなり不穏な雰囲気が漂っていました。様々な方面から戦争の可能性が指摘されていましたから、第一次世界大戦の勃発は本当の意味での予想外ではありませんでした。しかし実際に戦争が起きてしまうと、いかに予想していても驚くわけです。どうして予想通りのことが起きているのに、人は驚くのか。

予想をしているときというのは、人は、少なくとも論理的には可能なことを思い描くわけですが、しかし、本当に現実になるとは思っていないフシがある。だからこそ、深刻な危険や破局が予想されていても、冷静でいられるのかもしれません。だから、実際に起きたとき、とても驚くわけです。「本当にそういうことが起きるんだ！」と。この驚きで、何が一番変化しているかというと、過去の見え方です。事が起きる前から、実はそれが今にも起きそうな切迫した状態だったということをあらためて知る。ほんの少し前までは、単に論理的なだけの、現実味のない空虚な可能性だと思っていたのに、です。これが驚きの内実です。それと同じようなことが今回も起こったと思うのです。

その、開戦時にベルクソンが驚いたという第一次世界大戦は、本当の意味での二〇世紀が始まった画期です。すなわち、それ以前は、一九世紀的な時代が続いていて、世界大戦を境にして真に二〇世紀が始まったということです。今は第三次世界大戦へとエスカレートしないことを望んでいますが、そうなるかどうかは別にして、あとで振り返ったとき、この戦争をきっかけに、いよいよ本当の二一世紀になったんだ、二〇二二年までは二〇世紀的な段階であったという認識が共有されるかもしれません。そうした意味を持つ戦争になるのではないかという予感を抱いています。

平野 第二章でも指摘したように、僕は、九・一一（二〇〇一年）とインターネットの登場が二〇世紀と二一世紀を分け、その後は一〇年単位で大きな出来事が起こって時代の画期となっていると考えています。二〇〇〇年代に入り、ゼロ年代は九・一一、直前にリーマン・ショックが起こり、日本では一〇年代には東日本大震災、そして二〇年代は、新型コロナウイルスによる混乱と、このロシアのウクライナ侵攻。

ロシアがウクライナに攻め入るかもしれないとアメリカが盛んに言っていたときは、今のこのプロパガンダ合戦の時代ですから、どこまで文字通りに受け止めるべきかという迷いがありました。そのときに思い出したのが、フランスの哲学者ジャン・ボードリヤール(2)の『湾岸戦争は起こらなかった』（一九九一年）です。ボードリヤールは、現代はシミュラークル（虚像、模造品）化していて、客観的な現実なんて必要としない社会が広がっているから、シミュラークルを生み出すシミュレーションを繰り返す中では、実際の戦争は起こす必要がないといった議論を展開していました。しかし一九九一年、湾岸戦争が起こりました。それでボードリヤールは、その後、湾岸戦争を「あれは戦争ではない」と強弁することになりました。当時から言われていましたが、今回改めて、あの本は間違っていたと思いました。記号のやりとりだけで世界が自律し、戦争でさえ不要となるような世の中にはならなかった。それどころかウクライナでは、戦車が隊列を組み、正面装備がぶつかり合っています。二〇世紀と何ら変わらない軍事侵攻が起こったことにまず動揺しました。

近年のシリア内戦で、アサド政権(3)による反対派への攻撃をはじめとする市民を巻き込んだ一方的な殺戮を散々見てきているのですが、ウクライナの街も爆撃を受けて同じような惨状になっている。ただ、大澤さんがおっしゃるように、事後的に見れば予兆はいくらでもありました。二〇一四年のロシアによるクリミア半島の併合――ウクライナにおいて親ロシア政権への反発からユーロ・マイダン革命(4)が起こり、その政権交代を許容できなかったロシアがクリミアへ侵攻してからの一連の出来事は完全に連続していて、プーチンの主張は何一つ変わっていないとの指摘もあります。

また二〇一一年のチュニジアのジャスミン革命[5]以降、「アラブの春」と呼ばれるアラブ諸国の民主化運動の広がりに対して、シリアでは特に徹底的な政権反対派への弾圧が行われ、ヨーロッパへの難民流出が大きな問題になりましたが、そのシリアのアサド政権にロシアは手を貸し、虐殺を繰り返してきた。それにもかかわらず、国際社会はアサドもプーチンも放置し続けてきた。

プーチンは、大統領になる経緯から疑問が提示されています。一九九九年に始まった第二次チェチェン紛争でロシア側の指揮を執ったのは、当時のプーチン首相です。この紛争でも多くの市民が亡くなっています。そしてシリアであれだけ人を殺し、街を破壊した経験が、彼の行動をもう一段別の次元へと押し上げてしまったのではないか。ですから、振り返れば予想されたことなのかもしれませんが、起こったときには、それでも予想外の感じがしました。

大澤　ウクライナへの支援に関しては、日本も含めて西側諸国、特にヨーロッパは団結しています。ウクライナからの難民をヨーロッパは一〇〇％受け入れており、そうした行為自体は麗しいものです。しかし近年、同じくらい酷いことはご指摘のようにシリアでも行われていて、今も続き、難民がいなくなることはありません。また、この戦争のわずか半年前の二〇二一年の八月末、アフガニスタンに長年駐留していたアメリカ軍が完全撤退し、その際、タリバン政権を恐れ、国外へ逃亡しようとするアフガニスタンの人たちが多数いました。彼らは結局、難民にならざるを得ません。そのとき特に東ヨーロッパの国々は、冷たかった。自国の経済状態もよくありませんから、難民を抱え切れないという事情もあり辟易とした思いがあるのでしょう。アフガニスタンの人たちは国から逃げるべきではない、タリバン政権と戦うべきだといった論調がありました。つまり、アフガニスタンからの難民は受け入れたくない、と。ですが今回、ヨーロッパ諸国は、ウクライナの人に国に留まってロシアと戦えとは言いません。もちろん現にウクライナに留まり戦っている人たちはたくさんいるわけですけれど、国を逃れざるをえなかった年配の方や女性や子供を、ヨーロッパ諸国はどんどん受け入れています。もちろんこれは正しい。しかし、それならば、どうしてアフガニスタンからの難民は拒否したのか。

ヨーロッパの中ではウクライナは貧困地域に属していますが、それでもヨーロッパなんですね。シリアやアフガニスタンで同じような事態が起きていても、「開発途上国ではこうした悲惨な事態が起こるのも仕方がない」といった意識が存在している。つまり、ヨーロッパは普遍的人権の理念をかかげながら、非ヨーロッパに対して差別的に対応したのです。ウクライナへの対応としては麗しいところがあることは認めるけれど、限界も感じました。

平野　イスラム教かキリスト教かの違いもありますね。シリア難民が大きな社会問題になった際、シリアからの難民には過激派のテロリストが交じっているかもしれない、テロリストをどう見分けるのだというのが、ヨーロッパでシリア難民を規制する側の当初の表向きの理屈でした。今回そうした議論はありませんでした。ですから受け入れているとも言えますが、やはりダブルスタンダードであることは事実です。またパレスチナの人たちも、イスラエルによって同じような悲惨な状況に、しかも長年追い込まれていますが、欧米の対応は全然違う。これも厳しく批判されています。

日本は、ヨーロッパから遠く離れているにもかかわらず、ウクライナからの「避難民」に関しては、ヨーロッパに「西へ倣え」で受け入れています。ところがアフガニスタンに関しては、アメリカ軍が撤退する際、ヨーロッパの国々でさえタリバン政権が復活すると危険だということで、現地で協力してくれたアフガニスタンの人たちを避難させましたが、日本だけがそうした人たちを置いてきたことを、伊勢崎賢治（東京外国語大学教授）さんなどがやはり厳しく批判している。その人たちは、今でも命の危険にさらされています。日本には難民に関して、人道主義の思想もなければ何もないことが、今回もあらわになってしまいました。

「愛国」とは？

大澤　ウクライナのゼレンスキー大統領(6)は、我々はヨーロッパを守っているんだ。だからヨーロッパ諸国は支援してほしいと訴えました。実際、ヨーロッパ諸国を含む周囲も、ウクライナがいわばヨーロッパを代表して、国際法や国連憲章を無視して侵攻してきたロシアから、ヨーロッパ的な理念を守ろうとしている、と見ていますし、この構図は、客観的にみてもおおむね妥当です。そこで、日本はどうかというと、「名誉ヨーロッパ人」みたいな顔をして、ウクライナを支援しています。「名誉ヨーロッパ人」と言えるかどうかは別として、ヨーロッパと結び付けて提起されている理念のほうにより高い正義があるとして、ウクライナを支援すること自体は、いいことだと思う。

ここで、たまに「日本の国益」について云々する人がいます。たとえば、ロシアを怒らせると、日露の間には北方領土の問題があって返還が遠のく、あるいは北海道だってどうなるかわからないから、対ロシア制裁はほどほどにしたほうがいいといった意見です。ウクライナ支持、不支持は日本にとってどちらが得か、ということも言われている。もちろん、国益は重要です。そして、国を愛している人は、国益を第一にするのは当たり前だ、と思われている。

しかし、僕の考えでは、国を愛しているならばなおいっそう国益よりも正義が大事だということです。まず、日本が今ウクライナを支持しているのは、そのほうが日本が得するからではなく、そちらのほうにより高い正義があるからです。このことを踏まえて僕が言いたいことのポイントは、国ではなく正義を愛しなさい、ではなくて、国を愛するならば、国益よりも正義のほうが大事になる、という感覚と思考のルートがある、ということです。

僕の言いたいことがどういうことかは、目をロシアにむけて、それを鏡のようにして考えてみるとわかります。今僕らが、おそらく世界中の非常に多くの人が心底から望んでいるのは、次のような事態でしょう。プーチンが命令した軍事侵攻に義がないことは明らかなのですから、ロシアの内側にいるロシア国民が怒りを感じ、自国政府に反抗し、プーチン政権を倒してしまう事態です。こういうことが起き得るかどうかは別として、このような仕方でプーチン政権が倒れるのであれば、それは戦争の最も望ましい終わり方であると思っている人は多いと思います。

しかし、ちょっと考えてみると、普通のロシア愛国者ならば、自国の戦争を支持し、応援するのは当たり前のことです。少なくとも、国益第一主義の愛国者なら、自国が戦争に負けるような活動はしない。それならば、僕らが、ロシア国民に対して、「どうして彼らは打倒プーチン政権の運動を起こさないのだ」といらだつとき、ロシア国民に、愛国主義ではなく、たとえば抽象的なヒューマニズムか何かの原理に基づいて行動してほしいと願っているのでしょうか。

でも、僕は、自国民や同胞などどうなってもよい、もっと大事なのは人類だ、みたいなことを言う人は、あまり信用できない。三島由紀夫は、日本はどうなってもよいと言う人とは口を聞く気もしない、と言っていましたが、その気持ちはよくわかります。少なくとも、そういう主張に、人を動かす力があるとは思えない。信用できるのは、ロシアを愛するがゆえにこそ、ロシアが誤った行動をとることを許せない、恥ずかしい、と感じる人です。

つまり、愛国的であるがゆえに、正義に基づいた行動を自国がとることを望むようなロシア人に、僕らは期待をかけているのです。このことは、自分たちに跳ねかえります。国益にかなうことならなんでもよい、という考えは、忌避すべきです。愛国心の観点から忌避すべきだ、と。そもそも、僕らは、現在のロシアの軍事侵攻に怒っているのは、ロシアが自国の国益に反して行動しているからではなく、正義に反する行動をとっているからでしょう。

平野 作家では、ロシアのリュドミラ・ウリツカヤ、(7) ボリス・アクーニン(8)、ベラルーシのスヴェトラーナ・アレクシエーヴィチら(9)が連帯して反戦の声明を出しました。彼らは、今のプーチンによるロシアはロシアではなく、本当のロシアはドストエフスキーやトルストイ、チェーホフに代表されるような国なんだと訴えました。彼らがよって立つロシアを示そうとしていたのであり、今おっしゃったことにつながっている態度です。つまり、現政権とロシア市民、文化との切り離しですね。かつてトーマス・マンが、「小生は彼ら（ナチス）に反対する旨を表明したことによって、なんと国家を、ドイツを侮辱したことになるのだそうです！　彼らは、自分たちとドイツ国家を混同するという、信じられないような図太さを持っているのです！」（「ボン大学との往復書簡」一九三七年）と語ったことが思い出されます。

このロシアのウクライナ侵攻を受けて、日本で起こった動きについて、興味深かったことがあります。単純化しますが、保守派は日本を完全に、被害者としてのウクライナに重ねています。そしてその立場から「核共有」をすべきだ、防衛予算を上げるべきだといった主張をしている。他方、リベラルのほうでは、むしろ、ロシアが今していることは、過去に日本がアジアを侵略した加害の歴史と重なり合うという声がよく聞こえます。さらに、ロシアでのメディアに対する言論弾圧の状況、一党独裁的な政権のあり方は、まさにこの一〇年ほど日本が経験していることだと。そして、この違いは、改憲論議にもそのまま反映されています。

ウクライナ侵攻に関しては、プーチン政権が悪いという点では大きな距離はないはずで、ただ、保守は自己肯定的に、日本とロシアとは違うのだとロシアを批判し、リベラル側は、日本とロシアとの共通点から、自己批判的にロシアを批判している。ところが、では、どうやって外交を通じて停戦交渉に持ち込むか、となったとき、リベラルがプーチンの言い分を、たとえそれがどれほどおかしなものであっても、理屈としてまず理解しようとし、他方でNATOとアメリカのこれまでの問題も理解しようとすると、反米的なそもそもの立場にこだわって、こんなときにまでロシアを擁護している、親ロシアだと批判に曝される。一方、保守は、プーチン政権が悪いのであって、「どっちもどっち」論にすべきではないと主張するのですが、しかし、日本の侵略戦争の歴史を「どっちもどっち」論で最大限、曖昧にしてきたのは保守です。それに対して、日本の侵略戦争に関しては、「どっちもどっち」論にしてはならないと言ってきたのが左派・リベラルでした。さらに言うと、北方領土交渉でひたすらプーチン政権に迎合し続け、クリミア半島併合も黙認したのは、保守が支持した安倍政権です。

必ずしも、保守とリベラルという具合にはきれいに分けられないでしょうが、こういう複雑に屈折した状況がある。ドイツのネオナチなども、この戦争をどう見るのか、大きな混乱があるようです。ロシアを未だに「共産主義国」として敵視しているあるネオナチグループは、プーチンを「脱ナチ化」を図る「共産主義勢力」として危険視することで、プーチンの「脱ナチ化」という偽りの戦争の大義を受け入れてしまっている、だとか。もちろん日本は、ロシアになる可能性もあれば、ウクライナになる可能性もあるというのが、ごく穏当な見方です。その中で、大澤さんがおっしゃったように、自分の国を愛しているからこそ、これでいいのかという声が出てくるのが当然だと思います。

また、これは日本に限らないのですが、ロシアに対する経済制裁の狙いはロシア国内から反プーチンの声を高まらせることです。しかし当初から、これまで国際社会による経済制裁が成功した事例などないという批判がありました。AFP通信の記事によると、ロシアにおける中間層以上の人々には多少の経済的余裕もありますし、意外と耐えられる。またプーチン政権との癒着によって財を成した人たちもいますから、そうした階層の人たちは政権を支持している割合が高い。経済制裁によって最もダメージを受けるのは元々生活が苦しい人たちです。プーチンへの支持が薄れる人たちもいるけれど、全体的に見ると、反プーチンの国民的な盛り上がりには至らないという分析です。むしろ、欧米諸国への反発が強まりかねない。北朝鮮を見ているとわかりますが、体制が独裁的で民主的な声を上げることができない状態になっている環境では、経済制裁によって国内から状況を変化させるのはなかなか難しい。つまり、クーデタや暴力革命のような動き以外、世論の高まりから権力者が失脚するような状況は生じないのではないか。日本のアジア太平洋戦争の際を振り返っても、「欲しがりません勝つまでは」などのプロパガンダがひたすら展開され、情報もコントロールされていますから、戦時は国民も我慢してしまう。

もう一点気になっていることがあります。大きくわけると、日本では、日本の侵略戦争を反省する立場としない立場が存在しています。前者の反省する人たちの多くは、日本人総責任論の立場をとるため、戦争責任を暴走した軍部に止めず、メディアをはじめとして、国民も熱狂していたと指摘します。例えば一九三三年、日本が国際連盟を脱退したとき、メディアも国民も熱狂して大喜びしていた、と。反対できたはずなのに、それをしなかったわけだから国民にも加害責任があるという認識が、穏当なリベラルな人たちの中にもあります。これは、大いに一理あるのですが、実際の言論弾圧は、一九一〇年の大逆事件の頃からどんどん過酷なものになっていました。そうした社会で、民衆にどこまで反対ができたのかという疑問もあります。

経済制裁に期待して、その影響によって国内から声が上がるはずだと考えているときには、民衆にもその政体を支えている責任があるから、それを変えられる可能性があるはずだというイメージがどこかにあります。しかし日本の戦前然り、プーチン体制然り、長い時間をかけ、政権の意に沿わない人たちを徹底弾圧しているので、経済制裁を通じて国民の声を喚起するなどというのが果たして現実的に可能なのか。そんな力が残っているのか。これは言論の自由の程度の問題になってきますが。ロシアでは情報統制がかなり厳しく行われ、テレビしか見ないような人にとっては、ウクライナでどれほどの虐殺が行われているかもわかりません。そんな状況のロシア国内において、反対勢力が拡大することに期待して経済制裁を行うことの現実性はいかほどなのか。

大澤　今の経済制裁自体に関しても成功しないと思っています。かなり厳しい経済制裁が行われても、人は我慢してしまうんですよね。そしてロシアの場合、一九九一年にソ連が崩壊したあと、既に三〇年以上が経過していますが、ソ連崩壊の後に、かなり酷い経済状況が続いて、その状況を我慢してきた経験があります。ある一定の年齢以上の人たちには、その頃よりは今のほうがマシだという思いもあるのではないでしょうか。そう考えると、簡単に暴動が起きるなどということはないだろうと思うのです。

プーチン政権への不満が高まり、彼が失脚するといったロマンチックな事態は起こりそうにありませんね。ただ、仮に実際に起こったとしても、どういう理由によって、プーチン政権が打倒されたかが、重要だと思う。仮に、プーチンが倒されたとしても、単純に、経済制裁による生活苦の不満だけから反プーチンの運動が起きたのだとしたら、そうした革命のあり方に僕はあまり希望を持てません。最も望ましいのは、ロシアの人たちが、生活が苦しいから腹が立つというのではなく、先ほど述べたように、自分たちの国のしていることがあまりにも恥ずべきことであると思ったり、あるいはロシアの侵略によって犠牲になっているウクライナの人たちへの強いシンパシーから革命が起こる形です。それも起こりそうにありませんが、いずれにせよ、ほとんどの人は自分の国がそんなに悪い国だなんて思いたくないものです。そして人間は信じたいものを信じますから。第三者が、ロシアが悪い国だと言うのは簡単ですけれど、ロシアにいて、ロシアが悪いと言う判断に至るには、大きな心理的抵抗を乗り越えなくてはならない。それだけに、もし自国の態度を正そうと、多くの人々が立ち上がり変化が生まれることになれば、世界が変わるような出来事です。

平野　制裁についての議論は、先進国中心に論じられていますが、途上国での影響が深刻化してきています。侵攻によってウクライナからの食糧輸出ができなくなった上に、ロシアへの経済制裁によってロシアからの穀物の輸出が止まり、飢餓で死亡することが途上国で相当出るだろうという懸念があります。グローバル経済の中で、先進国内よりもはるかに大きなダメージが途上国へ回ってしまうという問題があります。

また、制裁が完璧に行われるほど、ロシアと世界が切り離されることになります。それが本当にいいことなのか、僕は懐疑的です。利害関係があるような状態であれば、まだどこかで交渉の手立てがある。利害関係を修復しようとするところから、ロシアの行動を軌道修正しようとする発想のほうが、国内的な正義に期待するより、欲望と資本主義に基づいている分、現実的なのではないか。さらに文化的な交流のチャンネルも残しておくべきではないか。ともかく、理想的な話と現実的な話とがあるとして、この問題はどこまでもスッキリしないかたちでしか議論できません。

理念と建前の逆転──新しい時代の戦争

大澤　そもそも、この戦争は本当の目的がわからないところがあります。ウクライナのNATO（北大西洋条約機構）加盟のことがいろいろ言われていますが、侵攻の前、ウクライナはNATOに加盟していませんでしたし、当分加盟は実現しそうにない状況でした。しかも侵攻がNATOの結束をより強固なものにしたのは確かで、ロシアの行動には合理性が欠けています。プーチンは、NATOの東方拡大を「特別軍事作戦」の理由の一つに挙げていますが、他国への侵攻という非常にコストの大きい行動は、とうていそんなことでは説明できない。僕の考えでは、NATOのことは、もしかすると、ウクライナへの侵攻の副次的な理由なのかもしれませんが、メインの理由ではないと思います。では、なぜ、プーチンはそんな理由を挙げるのかというと、そうとでも言わないと、納得が得られないからです。誰を納得させようとしているかというと、自国民と諸外国ですが、後者のほうが大きい。

平野　他方でNATOにも、冷戦終結後にあれだけの軍事同盟が継続して必要だったのかという根本的な問題もあります。

大澤　プーチンにとっての本当の理由は、ロシアが歴史的に受けてきた屈辱を雪《そそ》ぐことではないか。別のところですでに書いたことなので詳しくは述べませんが、歴史を最も深いところまで遡れば、ロシアとは何か、特にヨーロッパとの関係でロシアとは何か、というアイデンティティに関わる問いがあると思います。一方では、ロシアは、最も優れた文明であるところのヨーロッパの一員であるという気持ちもあるのです。鍵はキリスト教です。しかし、他方で、ヨーロッパとして受け入れられてこなかった、ヨーロッパの中核とは見なされていないという認識もある。実際、ベースにあるキリスト教も、西側のヨーロッパのカトリックではなく、正教です。つまり、ロシアには、ヨーロッパに対する憧れと、受け入れてもらえなかったことからくるルサンチマンの両方があって、プーチンは、この感覚を非常に誇張されたかたちで自らのうちに感じているのではないでしょうか。ヨーロッパに受け入れられていないとなれば、結局、この劣等感を克服するには、ロシアは、自分をヨーロッパ以上であると示すしかない。

長い歴史の中では、以上のようになりますが、短くみれば、冷戦終結以降の経緯の中で、同じことが、スケールダウンしたかたちで反復された。冷戦の時代、圧倒的に劣勢ではあったものの、建前上は米ソが超大国として対立していました。しかしソ連＝ロシアは敗者となりました……と僕らは普通考えるわけですが、ロシアの立場からすると、これは納得のいかない意味づけです。彼らは、自分の力でソ連の体制を克服し、冷戦を終わらせたと思っているわけですから、自分たちも、冷戦の勝者の一員です。しかし、諸国は——とりわけ冷戦の勝者である、アメリカを中心とする西側諸国は——ロシアを敗者と見なし、とても後れている国——少なくとも一流ではない国——として扱われている。

この屈辱を克服し、自尊心をとりもどすのすためには、プーチンとしては、ロシアを、大国に——アメリカに並ぶ大国に——したいという思いがある。とはいえ、プーチンはリアリストでもありますから、単独ではアメリカに対抗できないことがわかっている。では、どうすればよいかというと、誰かと手を組めばよいのです。組む相手として誰が想定されていたのか。言動の断片からちょっと大胆に推測してみると、当初プーチンはヨーロッパと組もうとしていたフシがあります。ドイツのシュレーダー元首相との友好関係などを見ていると、半分は幻想かもしれませんが、半分は本気だったのではないかと思うんです。先ほど述べたように、本来はヨーロッパに憧れていて、自分も真のヨーロッパだと思いたいわけですから、ヨーロッパと手を組むことができれば、それが最もよい。そして極端な幻想の域に達する希望としては、たとえばEUに加盟して、その中で自らのプレゼンスを大きくして、ロシアが

EUを牛耳るくらいになりたかった。EUで主導権を握り、EUを背景に持っている国家としてのロシアであれば、アメリカに十分に対等に対抗できると考えていたのではないかと思うんです。

が当然そんなことにはならなかったわけです。ヨーロッパ、あるいはEUのほうでは、ロシアを受け入れる気は全然ない。仮に、多少は友好的にしてやってもいいと思っていても、ロシアが自分たちの上に立つような大国だなんて、みじんも思ってはいない。むしろ、少し見下しているところさえある。それどころか、ヨーロッパは、積極的に、喜んでアメリカの保護のもとにあるようにも見える。その軍事的な表現こそNATOです。

となれば、もう、ロシアとしては、アメリカとセットになっているヨーロッパ、西側全体に対抗するしかない、という思いが強くなる。そんな中にあって、ウクライナこそ――ベラルーシとともに――ロシアから見ると、最も率先してわが方につくべき弟のようなものです。ところが、そのウクライナは、長い間、ロシアかヨーロッパか、という選択にまよっている。そうして、ユーロ・マイダン革命以降、はっきりとヨーロッパ側へと傾きました。

平野 歴史的にウクライナやポーランドは、ヨーロッパとロシアの狭間に立たされていました。僕は『葬送』でショパンについて書いていますけれど、一九世紀半ばのフランスの左派は、ポーランド問題に強い関心を寄せています。自由主義国と帝政ロシアの間の防波堤にポーランドがなっているからです。彼らにとって大きな政治的課題でした。あまり注目されませんが、僕は、実質的な亡命生活を送っていたショパンと、ヨーロッパの自由主義を守るためという大義名分からポーランド問題にコミットしていた左派のジョルジュ・サンド[10]との間には、微妙な心理的齟齬があったのではないかと思います。

逆にロシアから見ても、ウクライナやポーランドが位置するエリアは西欧との間の防波堤である。それが一九世紀頃から続く一つの歴史認識です。殊に、ロシアとウクライナは一体だと考えるプーチンが、ウクライナの西欧化に強い脅威を感じていることは確かでしょう。ドストエフスキーの小説を読んでも、西欧派とスラヴ派はいつも対立していますから、歴史的にも根深いものがあるのだと思います。

大澤　プーチンからすれば、最も確実に自分の味方となるはずのウクライナでさえ、裏切ってヨーロッパについていく。それは許し難いことなのですね。プーチンが思い描く「大国ロシア」にとっては、最初の踏み出しのところから、大きな躓《つまず》きですし、ひどい屈辱です。だから、軍事力でもって、ウクライナを自分のほうに引き寄せようとしているのでしょう。

こうしたことを考えると、今までの戦争とは違った、新しい時代の戦争だということも明らかになる。イデオロギーを理由にできなくなった冷戦終結以降は、戦争をするとき、人は建前上の理由を言うわけです。それは、理念的なものです。例えば「同胞の解放のため」「人権」「民主主義」とかといったことを標榜する。そう言いながら、背後には、資源や安全保障などに関わる打算的で、現実主義的な理由がある。後者が、本当の戦争の動機だ、というのが、これまでです。しかし、今回は、理念的なこととリアリズムの関係が逆になっています。プーチンの胸中には、帝国のような大国ロシア再建という幻想に近い理念がある。しかしそれは周囲からすれば妄想のように聞こえるし、受け入れられない。そこで、NATOの東方拡大への対抗措置などという、現実的な理由を言っている。理念とリアルポリティックスに基づいた理由がこれまでの戦争とは逆になっているんです。

平野　二〇世紀半ばまでの戦争や今も局地的に起こっている紛争の多くの原因は、資源をめぐるものです。ところが今回はそうではありません。冷戦時代の代理戦争はイデオロギー対立でしたし、イラク・アフガニスタンなど、九・一一以降は、「対テロ戦争」という名目でした。そういう流れを見ると、プーチンの戦争の唐突さも、この間の戦争の変遷に影響されているとは言えるでしょう。

プロパガンダ、陰謀論が渦巻くメディアの現状

大澤　新しい戦争という意味では、プロパガンダにおけるインターネットの影響も考えさせられました。例えば、プーチンはSNSをまったく使っていませんが、ゼレンスキーは、SNSを見事に活用していて、SNSがいかに重要な政治的なツールとして活用できるかがよくわかりました。

気になるのはインターネットの普及する中で、いわゆるポスト・トゥルース的状況、つまり何が事実かがわからなくなってしまっていることです。たとえばブチャでの虐殺。いろいろな状況からして、ロシア兵による戦争犯罪であることは間違いないわけですが、ロシアは自分たちがしたことではないと主張を続けて、ウクライナによる捏造であるとまで言い、しかも、それを一定の人が信じてしまう。最も基礎的な事実すら確定できない状況です。これまでの常識では、究極的には岩盤のような事実があり、それを我々は知っている。その知っていることを前提にした上で、その上に、何かを信じるということが加わっていた。しかし今は、何が事実であるかと決定しているのは、信じるという営みです。「信じる」と「知

る」との間の順序が逆になっている。「知る」に先立って、「信じる」があるのです。

　こうしたことがあるために、人類は、二〇世紀的段階より、公共的な共存をすることがとても難しくなっています。かつては、あなたはこのように信じているけれど、客観的な事実はこうだから、それをまずは共有しようという話によって公共圏が成り立っていたわけです。しかし現在は、何が事実かというところで既に信仰が入ってしまっているのだとすれば、公共性が成り立つための共通の基盤がなくなってしまう。なんらかのやり方で、公共的な言説の空間を取り戻さなければいけないと思うんです。ただ、それは、どうしたらよいのか。二〇世紀までの段階で僕らが持っていた最も理想的に洗練された公共性の取り戻し方は、哲学者のユルゲン・ハーバーマス(11)が構想していた理想的な談話の世界ですが、今述べたように、信ずることと知ることとの関係が転倒しているような状況では、それも成り立たない。「市民的公共性」を改めてつくり出すには、どうすればいいかということでさえ、まだ僕らは本当の意味で確立できていません。

平野　ネットは確かにフェイクニュースを蔓延させていますが、一方で、ネットがあるからこそ情報の風通しがよくなっている部分もあります。ロシアもテレビは簡単にコントロールできるものの、国境を越えてネットで繋がっているような人たちは、国外の状況に触れることができる。インターネットがあったほうがいいのは確かです。

ネットに存在する極右やヘイトスピーチを続ける差別的な組織を積極的に支持している人はそれほど多くはないでしょうが、もっとマイルドな歴史修正主義的な言説はかなり広まっていて、それは政府から大手メディアまで加担していることですから、大問題です。

日本のメディアがあまり真面目に考えていないことですが、国内のお金を払ってくれるターゲットに向けて記事を書いていくと、どうしてもナショナリスティックになってしまいます。フランスではＡＦＰは早くから英語版を出していましたけれど、最近『ル・モンド』も英語版をついに出しました。当然のことながら、ＢＢＣやＣＮＮ、ニューヨーク・タイムズは英語ですし、ＡＦＰやＢＢＣ、ＣＮＮは日本語サイトまであります。欧米の世論形成は、新聞がインターナショナルな情報発信をしている影響がとても大きいでしょう。

日本人が見ている国際ニュースも、日本に入ってくる欧米メディアの影響が直接、間接に大きい。フランス大統領選の候補だった国民連合のマリーヌ・ル・ペン(12)は、フランスの地方に行けば支持者がたくさんいますが、フランスの主要紙が英語で配信している記事ではどれも、ル・ペンが大統領選挙に当選したらとんでもない事態に陥るといった内容になっていました。元々、それらの新聞自体がリベラルな傾向ですけれど、極右的な主張やナショナリズムに基づいた主張は、英語版ではビジネスにもならないでしょう。日本のメディアは、そういうことを考えない。英語版を発行して、日本擁護の内容の記事が海外でどれほど読まれるか、また反発を受けるか。海外との風通しをよくすることで、日本のメディアを相対化していく動きは必要ではないでしょうか。国内向けの忖度記事では笑われるでしょう。

あとは、西側のメディアも日本のメディアもウクライナ側に立つことは、当然だとは思いますが、ロシアとの交渉の可能性を話すだけで激しく批判されるような風潮は危険です。プーチンの考えを理解しようとすることが――必ずしも肯定的に捉えるわけではないにもかかわらず――既に情報戦に呑み込まれているのだといった言説さえあります。

インターネットも確かにプロパガンダに巻き込まれていますから、どのように情報に接したらいいのかは難しいです。例えば虐殺のニュースをネット上でシェアすることも情報戦と言える。そうした渦中で、侵攻当初、ロシア兵の士気は上がりませんでした。どういう状況かも知らされずに連れてこられた訓練兵であれば当然でしょう。そうした兵士にウクライナの市民が無防備に立ちはだかったりしている動画が拡散されました。メディアもそれを勇敢だと評価するように肯定的に報道していました。彼らは事実、勇敢ですが、ロシアは、シリアへの軍事介入で民間人も含め無差別に多くの犠牲者を出す攻撃をしています。それを知っていると、民間人が立ちはだかって戦車を追い返せるような状況で終わるはずがない。メディアが、市民参加の戦闘を煽るような行動は危険でしょう。実際、その後、マウリポリの虐殺など、恐ろしい出来事が発覚しました。

大澤　ポスト・トゥルース的な状況が生まれていると話しましたが、インターネットがないほうがいいかと言うと逆だと思うんです。毒を以て毒を制すではないのですが、インターネットから膨大な情報が出てきたほうがよい。インターネットを禁じるよりも、むしろそこから多くの情報がとれるようにしておけば、人は、多数の情報を相互にチェックすることが可能になります。そういう形で問題を解決するべきでしょう。

陰謀論を唱えているQアノン(13)などの存在はインターネットの影響というより、Qアノンを信じるような人が多く生まれてしまう社会的な原因があるのです。とんでもない話が流布されているわけですが、一部の人がそのストーリーに救いを求めている。歴史的な例を挙げれば、ナチスはユダヤ人を迫害しましたが、それはユダヤ人に対する間違った情報が溢れていたからそのような事態に陥ったというよりも、ユダヤ人を諸悪の根元とする認知の枠組みを与えることで、耐えがたい社会的な葛藤や無秩序が説明できるかのような幻想が与えられるように感じられたからです。日本においても、在特会を支持するとはいかないまでも、おかしな歴史観が蔓延するのは、そのフェイクに癒される社会的な理由がある人たちがいるためです。原因はインターネットにあるわけではなくて、そういう方向で人が救済されるようなもっと根深い社会構造にあるのであり、そちらを解決しなくてはならないのです。

「手段の正義」と「目的の正義」

平野　ＮＡＴＯが参戦して、ロシアと全面戦争になれば、第三次世界大戦へと向かうことになる。それは誰も望んでいませんし、そこへ踏み込まないようにすることは現実的な判断です。

停戦は、いずれ実現すべきで、今なされているシミュレーションでも、ウクライナがどの程度有利な状況で交渉を開始できるかが問題でしょう。その幅が非常に大きい。交渉の過程では、どれほど許容しがたくとも、相手が何らかの利益を得ることを一定程度認めなざるを得ない。しかし、その利益は暫定的なもので、長期的には交渉を通じて原状回復の方向に進めていかなければならない。降伏とは違います。他方、徹底抗戦派の人たちが言うのは、占領されてしまえば、ウクライナの人たちはどれほど酷い仕打ちを受けるかわからないということです。国自体がなくなってしまうかもしれないし、ヨーロッパへのさらなる戦線拡大も懸念されます。それは当然、考えるべきことですが、プーチン政権を追いつめてしまうことでの核兵器使用のリスクもある。戦争が長期化すれば、キーウ陥落など、今より状況が悪化する可能性もある。結局、どこまでも蓋然性の中でしか議論できないわけで、現実的に、今回、個別的自衛権のサポートという形でNATOから武器提供がなされましたし、それはある程度、抑制的に、段階的になされたとは思います。

ただ、今後、欧米からウクライナへ投入された武器の管理が一体どうなるのかは大きな問題です。国家による暴力の独占は重要な機能ですから、それは、アフガニスタンやイラクのこれまでの歴史を振り返れば明らかです。かつてのユーゴスラヴィアでは、ソ連の侵攻を想定して、市民が反撃するための武器が街中に保管されていました。その武器がユーゴスラヴィア内戦で使用され、悲惨な状況を生み出しました。さらに一〇年代のテロでも、ユーゴ内戦時に行方がわからなくなった六〇〇万丁とも言われる銃がバルカン半島からテロリストたちに流れている、という報道がありました。ウクライナに武器だけを供給し続ける方法も、将来を考えると強い懸念があります。

非常にスッキリしない形で、ある程度の現状に応じた対応は求められる一方で、原則的には平和的な手段で停戦交渉を行うように各国が介入すべきだという議論は、封殺すべきではない。結局どこかで、停戦交渉は必要なわけですし、そういう平和的理念が排除されるようになってしまうのは非常に恐ろしい。ヨーロッパでも、イギリスやポーランド、バルト諸国などのロシアの完全な敗北を求める国々と、フランス、ドイツ、イタリアなどの早期停戦を求める国々とで意見が分かれつつある。

ウクライナの人たちの気持ちを考えろという言葉もありますが、そこにも多様性がある。とにかく戦いをやめてほしいという人たちもいるでしょう。国を脱出したいのにできない成人男性たちもいます。そうした声は聞こえにくい。戦い続けるという声がメディアで大きく取り上げられていて、それが支配的な声かもしれませんが、もっとマイナーな意見もあるはずです。逃げるにしても、経済的に、あるいは健康面からそれが可能な人と不可能な人との格差もあります。

当事者の意見と普遍的な正義とは、時として相容れず、衝突する場合もあります。この戦争の終わり方を考えていくときにも、プーチンを批判してウクライナを支持し、その主権を尊重し、心情的にも困難に共感し、人道的支援も行いながら、ウクライナの多くの人たちとは対立する意見が交わされる局面もあるでしょう。押しつけることはできませんが、しかし、議論によって、ウクライナ側の考えも変わるかもしれない。最初から反対意見を言わないことが正しい態度とは思えません。外からの関与があればこそ可能な決断はゼレンスキーにもあるはずです。しかし、今の日本国内の風潮を見ていると、いざ、日本が有事に巻き込まれたときには、早期停戦でも主張しようものなら、「非国民」と非難されかねない危うさを感じます。

僕は、この話を解きほぐしていくときには、正義を、「手段の正義」と「目的の正義」に一旦わけて考えるべきだと思うんです。

あれほど酷いことをしているプーチンでさえ、SF映画に登場するエイリアンのように人類を滅亡させるといった滅茶苦茶なことは言わない。一応、プーチンなりの「正義」を主張して行動していて、「正義」という観念自体を手放そうとは決してしません。実際の行動からすると、荒唐無稽な「正義」であっても、国内的にも国外的にも自分の「正義」を語り続けている。僕は、それは改めて興味深いことだと思うんです。この「目的の正義」は、それぞれに相反する可能性があります。納得できる主張から、到底、罷り通らないような主張まで。そうすると、正義の相対化が起こり、「どっちもどっち論」になって、これをすり合わせていくには相当な時間がかかります。ですが、「手段の正義」に関しては、暴力を用いない、人を殺さないなど、普遍的に定め得る合意点が必ずあるはずです。世界平和を構想する際、「目的の正義」を実現するにはかなり時間がかかります。基本的には「手段の正義」を追求していくことでしか、安全保障は実現しない。国連憲章にしても、武力行使を容認しないのは、「手段の正義」だけは最低限守りましょうということです。

ロシア側の主張がどうであれ、ウクライナ侵攻が「手段の正義」にもとっていることは間違いありません。プーチンの主張する「目的の正義」についてはともかく、「手段の正義」に照らし、まずその行為は非難されるべきです。その上で、「目的の正義」については、プーチンの主張を理解することと肯定することは別ですから、話は聞きつつ、追い詰めて核兵器を使うところへ進めないよう、どこかで彼が戦争をやめられるようなストーリーを用意しない限り、この戦争はいつまでも終わらないでしょう。そのシナリオをこそ考えなければならない。

大澤　もちろんプーチンの勝手な「目的の正義」には大問題があります。しかし西側にも弱み、というか弱点がたくさんあります。つまり西側のこれまでの「目的の正義」にも偽善や欺瞞がたくさんあることです。また、シリアやアフガニスタンを見捨てて、多くの被害者が出ている状況を見て見ぬフリをしてきました。そもそも、ヨーロッパ諸国が、いわゆる第三世界でやってきたことを見れば、いかにヨーロッパの理念、「目的の正義」に反することがたくさんなされてきたかがわかります。

平野 アメリカも世界各地で体制転覆のための戦争や謀略を散々やってきました。

大澤 まさにアメリカの「目的の正義」のためにですよね。アメリカが全面的な正義であれば楽ですけれど、そんなことはない。プーチンの「目的の正義」とは対決しなくてはいけないのですが、対決に際して、西側のほうにも後ろめたさが山のようにあるわけです。

いずれにせよ、平野さんの言う「目的の正義」のレヴェルで見たとき、ゼレンスキーとプーチンの間には、合意が成り立ちそうもないほどの溝がある。両者の中間に、双方が歩みよれそうな妥協的な「目的」があるわけでもない。そこで、究極の「目的」は双方ともカッコに入れて、まずは実務的に、最も犠牲の少ないところ、あるいは双方一定の実利を得られるところを模索するのがよい、というのが、「手段の正義」ということですね。

問題を解決するために必要なこと

平野 「手段の正義」にもとる行動がとられたとき、交渉相手に一切の利益を与えてはいけないという考えと、現状を止めるために、あるいは人命を救出するために相手に一時的に譲歩することはやむを得ないという考え方が先鋭的に対立しています。

北朝鮮による日本人の拉致問題にしても、北朝鮮が悪いのは大前提です。誰も否定できません。しかし相手にも何か利益になることがなければ、拉致被害者を返す交渉は進展しません。安倍政権に顕著でしたが、北朝鮮への圧力一辺倒では事態がまったく進展しない。拉致被害者の家族会も、最近はそういう意見です。圧力には出口となる目的が必要であり、悪い行為に対する倫理的な懲罰となると、これはもう外交ではありません。

プーチンが「手段の正義」にもとるのは明らかです。それで利益を得たら今後真似をする国が出てくるという懸念は確かにそうかもしれません。だからといって相手が国内向けにもメンツが立たず、何も得られないまま、どこかで降参ですと撤退するかというと、それは非現実的ではないか。不可能ではないかもしれないが、それまで、どれだけの犠牲者が出るのか。ロシアが「手段の正義」にもとっているという前提で、停戦のための話し合いの糸口を探るしかありません。

大澤 こうした問題を考えるときに、何段構えかにして問題の解決へ向かうことが重要だと僕は思います。まず当面のために解決することと、それが最終的な解決ではなく、究極的なめざすべき解決ではないことを自覚しながら暫定的に進めていく必要があります。暫定的な解決が見出せた際は、それがゴールだと思ったら大間違いだという認識を持たないといけません。

ここまで平野さんと対談をしてきて、大きな問題として取り上げてきたのは、新型コロナウイルスをめぐる世界についてでした。コロナの問題が克服される前に、ロシアのウクライナへの侵攻が起こり、私たちの関心は、完全にシフトしました。そうすると、私たちは、この戦争をめぐる問題に一定の決着をつけられたときに、問題を最終的に解決したような気分になるだろうと思うのですが、本当は、その解決は、暫定的なもので、真の問題との関係では、いわば手段的なもの、過程的なものだということを今から自覚しておく必要がある、と思います。

コロナをめぐる議論の中でつくづく思い知らされたのは、私たちは今、国民国家の中で生きているということ、国民国家が私たちの政治の究極の基準であるということ、このこと自体が困難の源泉だということです。コロナへの対応は、それぞれの国ごとにやるしかなかった。しかしウイルスは、地球全体の人間を同時に襲っており、約八〇億の人類が危機に瀕していたわけです。そういうときに、危機に、国ごとに対処していたとしても、本当には危機を乗り越えられない、ということを私たちはつくづく実感したはずです。仮に一つの国の感染者が減っても、地球のどこかにまだ感染者がいれば、結局、どの国にとっても、脅威は消えないのですから。要するに、コロナ禍に遭い、誰もが理解したこと、実際には実現してはいないけれども、少なくとも納得したことは、人間は国民国家の枠を超える連帯が必要であるということです。そのような連帯は、コロナだけではなく、気候変動による破局などを乗り越える上でも、どうしても求められるものです。

そこに、ロシアとウクライナの戦争が始まってしまった。私たちの関心と情熱の多くは、この戦争に向けられる。この戦争が、とりあえず、なんらかのかたちで収められたとします。ロシア側とウクライナ側、あるいはロシア側と西側の双方にとって、十分な満足とはいかな今でも、双方がなんとか受け入れ得る妥協点が見出されたとします。このとき、私たちは、問題がとにかく解決した、得ようとしていたものがなんとか得られた、と思うでしょう。が、考えてみれば、この戦争は、どう解決されるにせよ、国民国家と国民国家のあいだのなんらかの均衡という形式をとるはずです。

すると、どうでしょう。コロナ禍を通じて、それは、人類が必要だと実感していた連帯のはるかな手前なのです。本当は、せいぜい振り出しに戻っただけなのに、ゴールに到達してしまった、というような気分になる可能性がある。ですから僕は、二段構えで対応していかければならないと考えています。とにかく、この戦争に対する解決はどんなものになるにせよ、まだ暫定的で途中経過である、ということを忘れるべきではない。

日本は、世界はどこへ向かうのか

平野　普遍的に通用するような戦争終結の手段や方法がまったく確立されていないと改めて思いました。戦争をどう終結させていくのかは、そのときの状況や地理的な条件、テクノロジーの進展具合など、様々な要因が絡んでいます。結局、事例ごとに、まったくスッキリしない形で考えていくしかない。当たり前ですが戦争を起こさないことが一番です。

翻って、日本の安全保障を今後どうしていくかということになったときに、今回、日本の保守派は、まず不可能な「核共有」の主張をはじめとして、とても浮き足立ちました。平和の構築という意味だけでなく、現実的にも、軍拡競争をしていく力は日本には既にありません。これだけ経済成長もしていない国が、福祉予算をはじめ他の国家予算を削って軍事費に回したとしても、中国の軍事費を超えるようになることはあり得ません。国家が繁栄し、国際的なプレゼンスが高まるということも、安全保障上は重要です。貧しい軍事国家への道は非現実的で、非常に危険です。「安全保障環境が深刻さを増し……」ということは決まり文句のように繰り返されていますが、少子化も、気候変動も、経済の停滞も、極めて深刻です。防衛予算だけを突出して増加させることは破滅的です。究極的には、武器のない平和な理想的状態と弱肉強食の破滅的な世界とがあり、その時々の安全保障についても、極力、その理想に近づいてゆく方向で考えるべきです。軍拡は、理想的な平和から遠ざかり、行き当たりばったりで破滅へと近づいてゆく安易な発想です。まったく現実的ではありません。

ウクライナの現状は悲惨ではあるけれど、第三次世界大戦や核戦争にまで発展しては困るとはほとんどの人が考えている。ＮＡＴＯの欺瞞を批判しても、ＮＡＴＯが全面的にウクライナに乗り込んで、ロシア軍と交戦するのがいいとは言いません。少なくとも、核兵器使用のオプションが現実味を帯びている間は。

翻って、尖閣諸島の問題でも、日本にとって、尖閣諸島は大きな関心事かもしれませんが、世界の人たちが、アメリカと中国があの小さな島を巡って全面戦争に突入して、核ミサイルを打ち合うような状況を許容するかと言えば、決してしないでしょう。そこに至るまでの外交的な知恵の無さに呆れ果てるはずです。そもそも、当の日本人が、本当にそんな事態を望んでいるんでしょうか？　一帯一路を実現して、経済的に世界の中心たろうとしている中国が、そんなことをするでしょうか？　そうならないような外交努力をすれば良いだけのことです。

日本の保守派が、日米安全保障条約を根本的にどう考えているのかが、今回の一件でまたよくわからなくなりました。いざとなったらアメリカが守ってくれると、ずっと言ってきたにもかかわらず、本当にそうなのか、非常に不安に感じている。それは、実際の不安と、そう言ってきた手前という不安との両方でしょう。ロシアの侵攻に接して、ほとんど自主防衛路線のように、日本の防衛力強化を言い出した。日米安保なんてまったく信用していないと言っているようなものです。あるいは、もっと武器を買わないと、日米安保を機能させられないという意味なのか。安保法制（二〇一五年）のときに「戦争を未然に防ぐ」と散々言っていたのは何だったんでしょう？

そもそも、アメリカにおいて大統領が戦争をする権限には、議会が歯止めをかけています。戦争権限法は議会の承認を求めている。トランプ大統領をゴルフ接待すれば、日米同盟が一層強固になると安倍元首相は言ったそうですが、本気でしょうか？　日米の軍事的な一体化を進めて、「日本人も血を流して貢献しないと守ってもらえない」と言う政治家がいますが、では、アメリカが世界中で進めている戦争に全てつきあって、何人の日本人が死んだら、日本人も一緒に死んでくれたのだからと、人情話のように、あるいは忠勤を評価するように、日本のための戦争に参加するのか。議会は、その時々に、自国に利害が合えば軍事行動をとるかもしれませんが、合わなければ、日本人が何人死んだなどという話とはまったく別のところでの判断になるでしょう。

大澤　日米同盟を推進する人に限って、日本の防衛力の増強を主張する傾向がありますね。そういう人たちは、日本の防衛力を強化することで、安全保障上のアメリカへの依存を小さくしよう、と言っているわけではないですね。とすると、平野さんが指摘されたように、日米同盟の重要性を主張しながら、本人はあまり自覚していなければども、本当はアメリカを信用しきれていない、ということになります。

ただ、現代の私たちの世界のつくられ方の根底にある矛盾のようなものにまで目を向ける必要がある。例えば、核兵器の話が出ましたが、核兵器を持たないといけないといった考えの前提にあるのは、国と国との間に葛藤があるからです。実際にウクライナのように突然ロシアに侵攻されるといった状況があるわけですから。私たちの住む世界は、国民国家の集合体になっている。カントやヘーゲルも言っていたことですけれど、どんなに平和的に見えていたとしても、それは常に暫定的なものであって、究極的には、国民国家の間には潜在的には葛藤があり、いわば戦争状態にある。

こうした世界を前提にしたとき、ある種の倫理的パラドックスが生じます。たとえば、ホッブズの『リヴァイアサン』(一六五一年)を想起するとよいでしょう。起点の自然状態とは、個人と個人の間に激しい葛藤がある。それぞれの人間が持っている自然権を行使すると、血で血を洗う争いが起こる。その自然権をすべての個人が「リヴァイアサン」＝国家に委ねることで、つまり自分の生存を第一義とする利己性を放棄する形で秩序が生み出される、というのが、ホッブズの描いた社会契約の構図ですね。この図式は、自然状態が、いわば野蛮な状況です。それを人間は克服して、自分の利益を放棄して、倫理的に高い段階へ達するということです。

ホッブズの理論は、いわば一国モデルですが、これを国際関係に適用するとどうなるか。つまり、ホッブズが描いたような国家(リヴァイアサン)がたくさんいるようなケースで考えるとどうなるのか。それは、倫理的に最も洗練され、文明化されている状態と最も野蛮な状態とが合致する、ということになります。

どうしてか。それぞれの国家は文明化され、その内部の個人は倫理的に成熟しているとします。つまり、各個人は、自分のエゴイズムを克服し、みんなのため、国のために尽くそうと思っている。しかし、そのような国家が複数あるとすれば、それぞれの国家は、自分自身の生存や利益の追求を究極目標としているわけですから、今度は、（個人ではなく）国家を単位とした自然状態になる。国家の内部の文明化が徹底して、その内部の個人のナショナリスティックな献身の程度が強ければ強いほど、逆に、国家間での葛藤は過酷になりますから、国家間の野蛮さはひどくなる。

地球社会というのは、最も骨格だけをしぼって描いてしまえば、国民国家の集合ですから、私たちは、こうした倫理的に倒錯した世界を生きているわけです。今回、西側のほうがまだロシアよりいいと言えるとすれば、その一つの理由は、ヨーロッパが二〇世紀の後半から、国民国家の葛藤を超えた共同体をつくろうとしてきたからです。その途中経過的な成果が、EUです。残念ながらあまりうまくいっていないわけですけれど。また先ほどウクライナからの難民を受け入れているが、中東からの難民にはかなり冷たいという話をしましたが、これも、国民国家を超える連帯というものをめざしつつ、中途半端になっているという状況の一つです。もっとも、日本よりはずっとマシです。ヨーロッパの人々は、難民を受け入れないことに関して、少なくとも後ろめたさを感じているからです。ドイツのメルケル前首相のように難民を受け入れる姿勢は立派だと思っているわけです。その背後にあるのは国民国家を超えた連帯が望ましいという価値観でしょう。

ただ、それがまったく貫徹されていないことも事実です。現状の問題を究極的に解決するには、最終的に国民国家の葛藤を超えた連帯にどのように向かっていくかが問われます。そのプロセスの中で中途半端に解決しようとすると、たとえば核兵器を皆が持ち合ったほうがいいといった具合になって、かえって問題を深刻化する可能性もある。そう考えると、問題を暫定的に解決しつつ、それが常に暫定的であるという現状を自覚しながら前に進むといった構えがやはり必要です。核兵器の例のように、問題の暫定的な「解決」が、真の問題の〈解決〉からはかえって遠ざかる方向に向かう、ということにもなりえます。

互いに嫌いな隣人同士が共存するために

平野　プーチン政権を見ていると、これだけ社会が多岐にわたり高度化していく中で、独裁的な中央集権体制が、その全てをカヴァーできるわけがないことが改めてよくわかります。プーチンが仮に超人的な能力の持ち主であったとしても、あらゆることへの目配りやコントロールができるわけがない。軍事作戦一つ採ってもそうです。しかも強権的な手法で反対意見を封じ込め、周囲をイエスマンばかりにしてしまうと、まともな意見が上がってこなくなる。ロシアは歴史的には、科学や数学、音楽や文学、スポーツにチェスなど、天才の宝庫です。非常に豊かな文化的土壌がありながら、それが未だに資源輸出国であり続けているのは、政治の失敗でしょう。分権的な仕組みの中で多様な能力を活かせる社会をつくり上げていかないと、国が立ちゆかなくなる。その象徴的な事例だと受け止めています。

また多様性でいうと、ウクライナ人だけではなく、ロシアから流出している人たちもかなりいます。日本は、そうしたロシア人を受け入れるべきです。ウクライナとロシアの人たちが平和に共存している状況が日本で生まれることは重要でしょう。

大澤　日本でもロシア人に対する差別的な行動がメディアで取り上げられたりしていますが、とんでもないことです。日本にいるロシアの人たちを応援することが、解決への糸口だと思います。また、これからロシアはさらに国を捨てたくなるような状況になり、多くの人が国外へ出るのではないでしょうか。そうして日本へ来られたウクライナとロシアの人たちが平和に共存していれば、それだけでも、この戦争の問題への抵抗にもなる。

しかし、好きな人同士、互いが「いい人」と思うことができる人同士であれば共存できるのは当たり前なのですが、そうとも限りませんね。多様性とか、他者に開かれていなくてはいけないとか、他者への寛容とかは、誰でも主張していることですが、そのとき、他者は無害で、礼儀正しい「いい人」であることが無意識のうちに想定されている。しかし、他者というのは、こちらのスタイルに必ずしも調和しない人、あえて言えば、こちらから見ると攻撃的・侵害的に感じられる人、ある意味「嫌な人」にさえ見える人のことです。そういう「嫌な人」と共存するにはどうしたらよいのか。共存のために守られるべき最低ラインやルールをどのように設定するのかが大事です。

平野 確かに「目的の正義」に関しては、最終的に個人のレヴェルでわかり合えない人たちは社会の中にはたくさんいます。嫌いな隣人と共存する知恵が必要です。まったく考え方に賛同できない人と一緒に生きていかなければいけないときに、その人と価値観まですり合わせようとすると多大なストレスがかかります。それでも「手段の正義」が守られている状況――いくら考え方が気に入らないからといって、暴力をふるったりしてはいけないということさえ徹底して守られていれば、価値観の異なる他者との共存も可能なはずです。

そうした考えの先に、第四章でも触れましたけれど、個人の声がインターネットを通じてかなりリアルに伝わるようになってきているので、文化相対主義的な潮流の中で及び腰になっていた普遍的な価値の普及、特にマイノリティの権利擁護などに関しては、国を超えて関与することも可能になっていくのではないでしょうか。「目的の正義」には触れないけれど、「手段の正義」として、そういったことはおかしいと声を上げ、連帯が可能になっていきます。そうしたゴールを見定めながら社会は進んでいかなくてはならないし、日本に関しては、その中でどのような国家像を描き、どのような世界の一員として生きていくのがいいのか、日本が攻め込まれ、滅ぼされるかもしれないと小心翼々と怯えてばかりいるのではなく、理想に向かって正しいことを訴え、行動していくことが重要です。

大澤　ですが今、価値ある共存の相手としようとするときの、守られるべき最低ラインが経済的な理由であったりします。経済的に価値がなく、嫌な人であれば、つきあう必要はなく、経済的に価値があれば、多少は嫌でもつきあう。そういう状態です。しかし、他者として承認される理由が、市場での経済的価値だけである場合には、まだ二つの問題を残します。第一には、経済的な価値がない他者は、端的に無視される。共存に値する他者としての承認すら得られない。第二に、資本主義的な経済そのものに内在する力学、搾取等の力学がある、ということです。したがって、経済的な関係の内部で、相手に対する憎悪や敵意が生まれてくる。経済やグローバルマーケットとは別の理由によって、他者と共存できるシステムが必要です。

世界の中で日本がよく生きるために

平野 「手段の正義」について考えると、最終的には戦争がなくなります。軍拡競争というのは、平和から遠ざかっていく行為です。ですからウクライナの問題を経験する中で、軍縮の必要性を改めて感じています。永遠に到達しないゴールかもしれませんが、軍縮を続けていけば、究極的には武器がなくなるわけです。手段において武力を使わないというゴールに近づく、つまり戦争もなくなるわけです。問題には、ゴールから遠ざかる方法で対処するのではなく、近づく方向での対処を考えるべきです。遠ざかるというのは、完全な弱肉強食の方向に向かうということです。そのためにも、日本は非軍事的な外交努力、あるいは歴史観の共有、相互理解を通じて、周辺国が妙な「目的の正義」において日本を侵略しなくてはならないといった状況をつくらないことが、安全保障にとって最善の方法でしょう。逆に日本が妙な「目的の正義」によって、再び侵略国家とならないためにも。

大澤 今回、プーチンは、自国が保有する核兵器に言及しながら、侵略を遂行しました。ロシアによる核の威嚇が起きたと言えます。その結果、あらためてわかったのは、核兵器に言及することですら罰するに値する罪であり、核兵器というものを本当になくさなければならないということです。しかし一部の日本人をはじめ、核兵器を持つほうがいいと考える人が多くいます。こういう考え方は「小者」の考え方と言えます。世界全体について考えていくと、核兵器の最終的な廃絶を目標にするのは自明です。ここで僕が「小者」と言ったのは、人がつくってくれた状況の中でどうやって適合するかだけを考える人という意味です。そういう人は、核がある世界では、自分も核を持つか、誰かの核の傘の下にいなくては困るとだけ考える。「小者」は、与えられた状況の中でどう生き延びるかを考えるだけですが、しかし、その状況そのものを克服しないと問題の真の克服には至らない。この世界をどう変えるか、あるいは世界をつくっている人類の一員として何が正しいのかという考え方で変えていかなくてはいけないと思うんです。

今、日本もウクライナを支援しています。そのときに、単に「小者」として国際的な体面ではなく、世界全体の問題の解決のため一歩を打ち出す必要があります。日本は地理的には極東に位置していますが、価値観は西側です。もし日本が今回の事態に関わる意味があるとするならどこにあるのか。西側は確かに今、ロシアと比べればまともなことを言っていますし、やっています。しかし西側にも欺瞞と偽善が山のようにあるわけです。しかし、ヨーロッパを見ていると、自分自身の欺瞞や偽善を自分の力では乗り越えられない、ということがよくわかる。だからこそ本当の西側ではない日本が加わることによって、未完の西側を完成させる。そうなれば、日本が今回の事態に関わることが真に意義深いものになるのではないでしょうか。

平野 日本が普遍的な価値を訴えることができるのかといった議論は、第四章でもしてきました。日本は被爆国ですから、核兵器をなくすべきだと訴える根拠を十分に持っています。ロシアとは海上で国境も接していますし、今こそそうした普遍的な価値を強く主張すべきタイミングのはずです。しかしそれとは正反対の軍事力を増強したほうがいいといった悪い流れの議論ばかりが目立っています。

これを言うと、必ず「お花畑」と言われるのですが、どこかの国から攻撃される可能性として、日本が経済的に豊かで、平和を国是としている国である場合と、軍拡競争をしながら「歴史戦」などと称して歴史修正主義を振りまいている場合と、どちらのリスクが高いかと言えば、明らかに後者です。周辺国も不気味で、脅威と感じるでしょう。そもそも、前科がありります。また、万が一日本が侵略されたとしても、前者であれば国際社会の同情ははるかに高まるでしょう。国家の経済も悪化していて、国民生活も豊かさを失ってきているのに、軍事国家化へと突き進むとすれば、国が亡びます。外交的に周辺国と良好な関係を維持して、歴史認識においても自国の間違いを認め、教育を通じてその価値観を維持し、核武装も侵略行為もしないと宣言していれば、何がその国を侵略する理由になるのでしょうか。

大澤　外から見ている人たちから「お花畑」と言われる可能性もあるでしょう。しかし、「お花畑」を真に維持することは、ちっとも呑気なことではなく。より大きな覚悟と、構想力と、知性と、実行力がなければ、それはできない。ロマンチックに理想を語るだけでは意味はありません。けれど現状について考え、実現可能性を模索して方向性を示し、違う方法があると具体的に示すことで、理想をロマンチックな「お花畑」として維持するわけではなく、「お花畑」を試練に耐えさせ、過酷な環境の中で生きていけるものにする方向性を見出そうとしているのです。

平野　「お花畑」も問題かもしれませんけれど、頭の中が「武器庫」や映画の『マッドマックス』みたいになっている人たちも問題ですよ。曲がりなりにも国際法や外交があって、国際関係があることが完全にすっ飛んでいて、そこに武器だけがあるといった発想で安全保障を考えている人たちもいますから、そちらのほうがよほど非現実的です。

侵略しない理由は、相手が武器を持っているからだけではありません。侵略する理由がないからしないわけです。武器を持っていたら侵略されない、持っていなかったらすぐ侵略されるようなイメージを持っている人が多くいることに驚いています。むしろ、過剰な軍事力の脅威は攻撃の理由にされます。国家がある限りは経済戦争などが起こり、その過程でいろいろと国家間での摩擦や嫌がらせなどはあるかもしれません。しかし、それと、国が滅ぼされるかどうかといった侵略戦争とは別の話です。

大澤　生き延びることは重要ですけれども、日本では、どうやって得して生き延びるかが究極の基準になってしまっています。世界の中で日本がよく生きるためにどうするかを考えるべきです。

ロシアのウクライナへの行為は、正義に反しています。ロシアは今後、ものすごく高い道義的な対価を支払わなくてはならなくなります。長期的に見れば、明らかにロシアにとって没落の始まりになってしまうでしょう。短期的に見れば、クリミア半島を確実に確保するような状態になるかもしれません。しかし今後、ロシアの言うことを聞こうとする国は確実に減ります。

こうした事態を目の当たりにして、何をするべきなのか。日本を愛するがゆえに日本によりよくなってほしい。日本に恥ずべきことをしてほしくない。そういうふうに考え、何が選べるのか。何を選んでいくべきなのか。戦後何十年間もアメリカの核の傘のもとで、どう適応するかだけを考えて生きてきましたが、それが、この国で生き続けていることの生きがいや意味を奪っているとすら思ってしまうのです。今後、自分たちが望む世界をつくり、そこで生きようとするなら、自ら信じる理想と正義のために生きていく必要があります。

あとがき

対談中でも語ったことだが、私は一九九〇年代以降の世界と日本の動向を、大きく一〇年毎に区切って考える癖がついている。

九〇年代は、東西冷戦終結と昭和の終わり／平成の始まり、バブル崩壊によって特徴づけられ、二〇〇〇（ゼロ）年代は九・一一アメリカ同時多発テロとインターネットの急速な拡充、一〇年代はリーマン・ショックの後遺症と東日本大震災、そして、二〇年代は、どうやら新型コロナとロシアによるウクライナ侵攻とが時代を画することとなりそうである。コロナ禍はもう終わりかけているではないかと言う人もいようが、この経験は長く尾を引くものとなるだろう。

勿論、一〇年毎にそれらの問題が片づいては新たな問題と入れ替わっている、というわけではなく、いずれも今日に至るまで複層的に問題群を形成している。さらに気候変動や貧富の格差の拡大といった持続的な問題もある。

大澤真幸さんとは、二〇〇八年、秋葉原通り魔事件の当日にたまたま初対面の対談が設定されていて、今でもその時の緊迫した会話が思い出されるが、以後も、継続的にと言って構わないほど、色んな場所で話をしてきた。

今日《こんにち》、大澤さんほど多作な社会学者もなく、抽象的な理論から宗教や歴史について再考、政治的提言に至るまで実に幅広いが、その議論は、巨視的な広い歴史認識と微視的なニュアンスに富んだ現代の観察とを、現実的に、且つ「理想」を決して手放すことなく結び合わせてみせ、私たちに多くの思索の糧を与えてくれている。

今回の対話は、新型コロナウイルスの登場前に始まり、ロシアによるウクライナ侵攻の直後まで続けられており、その目まぐるしい変化の中で、私たちが一体今、どこに、どのような状態でいるのかを見極めることに多くの時間が費やされた。

諸々の大問題を直視するならば、未来予測はどうしても悲観的になりがちだが、私が大澤さんと一致しているのは、反シニシズムであり、また、自己批判なきナルシシズム及び「現実主義」を偽装した「現状追認主義」への批判であって、本書でも、各々にあるべき未来の理想について語り、その選択の仕方を考えた。

言うまでもなく、世の中にはうまくいっていることも多々あり、それはそのまま進めてゆけばよいが、知恵が求められるのは、うまくいっていないことについてであり、それらをこそ話し合わなければならない。

今を生きている私たちは、放っておいても、半径数メートルの範囲内で、今日明日の心配をするものだが、その具体的な対処法は、長期的な問題解決と軌を一にし、究極的な目標へと漸近するものでなければなるまい。それは、安全保障についても、エネルギー問題に関しても同様である。

本書が、新たな議論と実践の一つのきっかけたり得るのであれば幸いである。

＊

最後となったが、『中央公論』誌上での連続対談に始まり、単行本に至るまで、企画の全般に亘って根気強く編集作業を担当してくださった中央公論新社の胡逸高氏と黒田剛史氏にこの場を借りて御礼を申し上げたい。ありがとうございました。

二〇二二年五月三〇日

平野啓一郎

注釈

第一章

（1）ユヴァル・ノア・ハラリ：一九七六年イスラエル生まれ。歴史学者、哲学者。エルサレムのヘブライ大学教授。著書『サピエンス全史』や『ホモ・デウス』は、世界的なベストセラーに。

（2）ジャレド・ダイアモンド：一九三七年アメリカ合衆国生まれ。進化生物学、生物地理学、鳥類学、人類生態学など幅広く研究。カリフォルニア大学ロサンゼルス校教授。ピューリッツァー賞を受賞した『銃・病原菌・鉄』は、世界的なベストセラーに。

（3）ロバート・N・ベラー：一九二七〜二〇一三年。アメリカ合衆国生まれ。アメリカの社会学者。日本研究者として出発。社会学、極東言語学を専攻。ハーヴァード大学、カリフォルニア大学バークレー校で教授を務める。著書に『心の習慣』『善い社会』など。

（4）エマニュエル・トッド：一九五一年フランス生まれ。歴史人口学者。家族制度や識字率、出生率などにもとづき、現代政治や国際社会を分析。『新ヨーロッパ大全』『「ドイツ帝国』が世界を破滅させる』など著書多数。

(5) ピーター・ティール：一九六七年西ドイツ生まれ。アメリカ・シリコンヴァレーの起業家、投資家。九八年にPayPalを共同創業して会長兼CEOに就任し、二〇〇二年に一五億ドルでeBayに売却。ヘッジファンドを設立しヴェンチャー企業に投資している。

(6) イーロン・マスク：一九七一年南アフリカ共和国生まれ。アメリカの実業家、エンジニア、投資家。宇宙開発企業スペースXの創設者、CEO、電気自動車企業テスラの共同創設者、CEO。PayPalを共同創業。

(7) ジェフ・ベゾス：一九六四年アメリカ合衆国生まれ。実業家、投資家、オンライン通販大手Amazonの共同創設者、取締役会長。航空宇宙企業ブルーオリジンの創業者。

(8) 大江健三郎（おおえ・けんざぶろう）：一九三五年愛媛県生まれ。作家。東京大学在学中の五八年、当時最年少の二三歳で「飼育」にて芥川賞受賞。九四年にノーベル文学賞を受賞。『万延元年のフットボール』など著書多数。

(9) 小林秀雄（こばやし・ひでお）：一九〇二〜八三年。東京生まれ。評論家。東京帝国大学卒。二九年、『改造』の懸賞評論で「様々なる意匠」が二席に入選。著書に『ゴッホの手紙』（読売文学賞）、『近代絵画』（野間文芸賞）など。

(10) 伊丹万作（いたみ・まんさく）：一九〇〇〜四六年。愛媛県生まれ。映画監督、脚本家、俳優、エッセイスト、挿絵画家。主な監督作に『國士無双』『赤西蠣太』、シナリオに『無法松の一生』など。長男は映画監督・俳優の伊丹十三、長女は大江健三郎夫人の大江ゆかり。

(11) 秋葉原の通り魔事件：二〇〇八年六月八日、東京・千代田区の秋葉原で起きた通り魔事件。死亡者七名、重軽傷者一〇名。犯人が地方出身で、非正規雇用で職場を転々としていたことなどから、格差社会の象徴的な事件として論じられることが多かった。

(12) ローンウルフ：大規模なテロ組織ではなく、「一匹オオカミ」の名の通り単独ないし少人数でのテロ活動を指す。

(13) ジェームズ・フレイザー：一八五四～一九四一年。イギリス生まれ。社会人類学者。代表作に『金枝篇』。

(14) 山口昌男（やまぐち・まさお）：一九三一～二〇一三年。北海道生まれ。文化人類学者。東京外国語大学名誉教授。「中心と周縁」「スケープゴート」「道化」などの概念を駆使して独自の文化理論を展開。『道化の民俗学』など著書多数。

(15) GAFAM：アメリカの巨大IT企業であるGoogle、Amazon、Facebook（現・Meta)、Apple、Microsoftの総称。

(16) トマ・ピケティ：一九七一年フランス生まれ。経済学者。パリ経済学校教授、社会科学高等研究院（EHESS）教授。著書『21世紀の資本』は、世界的なベストセラーに。

(17) バラモン左翼：ピケティの造語。多文化主義を掲げるようなリベラルな高学歴エリートを指す。バラモン（貴族）の原義は、インドのカースト制度の頂点に立つ司祭階級。

(18) スマート・シティ：内閣府の定義によると「ＩＣＴ等の新技術を活用しつつ、マネジメント（計画、整備、管理・運営等）の高度化により、都市や地域の抱える諸課題の解決を行い、また新たな価値を創出し続ける、持続可能な都市や地域」。

(19) ゲーテッド・コミュニティ：防犯のため、周囲を壁や塀で囲むなどして住民以外の出入りを制限するエリア。

(20) ルトガー・ブレグマン：一九八八年オランダ生まれ。歴史学者、ジャーナリスト。

(21) ダヴォス会議：世界経済フォーラムが毎年、スイスのダヴォスで開催する年次総会。毎年、世界各国から集まった政治家、実業家、学者などによる討議が注目されている。

(22) ミシェル・フーコー：一九二六～八四年。フランス生まれ。二〇世紀のフランスを代表する哲学者。著書に『狂気の歴史』『言葉と物』『知の考古学』『監獄の誕生』『知への意志』『快楽の活用』『自己への配慮』など。

(23) ビル＆メリンダ・ゲイツ財団：二〇〇〇年に創設された世界最大規模の慈善基金団体。ビル・ゲイツはアメリカのＩＴ企業のマイクロソフト元会長。メリンダはその元妻。

(24) ヘイドン・ホワイト：一九二八～二〇一六年。アメリカ合衆国生まれ。歴史家、批評家。カリフォルニア大学サンタクルーズ校名誉教授。

(25) レヴィ＝ストロース：一九〇八～二〇〇九年。ベルギー生まれ。フランスの文化人類学者。

『親族の基本構造』『悲しき熱帯』『野生の思考』『今日のトーテミスム』等の著作は、人文科学、思想、文化全般に広汎な影響を与えた。

(26) ベネディクト・アンダーソン：一九三六～二〇一五年。中国生まれ。アメリカの政治学者。コーネル大学名誉教授。

(27) 三島由紀夫（みしま・ゆきお）：一九二五～七〇年。東京生まれ。作家。詳細は本書第三章を参照。

(28) メタバース：仮想共有空間。「メタ（超越した）」と「ユニヴァース（宇宙）」を組み合わせた造語。

第二章

(1) 河野談話：一九九三年の河野洋平官房長官による談話。正式名称は「慰安婦関係調査結果発表に関する河野内閣官房長官談話」。慰安婦問題について謝罪と反省を公表した。

(2) 村山談話：一九九五年の村山富市首相による談話。正式名称は「村山内閣総理大臣談話『戦後五〇周年の終戦記念日にあたって』」。日本の植民地支配と侵略について反省と謝罪を述べた。

(3) エズラ・ヴォーゲル：一九三〇～二〇二〇年。アメリカ合衆国生まれ。社会学者。ハーヴァード大学名誉教授。五八年に来日し二年間滞在。七九年に発表した『ジャパン・アズ・

ナンバーワン』が、日本でベストセラーに。他の著書に『現代中国の父 鄧小平』など。
（4）古井由吉（ふるい・よしきち）：一九三七〜二〇二〇年。東京生まれ。作家。七一年「杳子」で芥川賞受賞。他に『槿』（谷崎潤一郎賞）、『仮往生伝試文』（読売文学賞）など。
（5）ロスジェネ：ロスト・ジェネレーション（失われた世代）。バブル経済崩壊後の就職氷河期に就職活動をした、おおむね一九九三年卒から二〇〇五年卒の世代。非正規雇用を続けざるを得ない人々も多く、晩婚化、少子化の一因とされている。
（6）アマルティア・セン：一九三三年インド生まれ。経済学者。ハーヴァード大学教授。貧困や格差を研究。九八年にアジア人初のノーベル経済学賞を受賞。
（7）白井聡（しらい・さとし）：一九七七年東京都生まれ。政治学者。京都精華大学専任講師。『永続敗戦論』により、いける本大賞、石橋湛山賞、角川財団学芸賞を受賞。
（8）永続敗戦：「戦後日本のレジームの核心的本質であり、『敗戦の否認』を意味する。国内およびアジアに対しては敗北を否認する（中略）米国に対しては盲従を続ける。敗戦を否認するがゆえに敗北が際限なく続く」（『永続敗戦論』書誌情報より）。
（9）森山大道（もりやま・だいどう）：一九三八年大阪府生まれ。カメラマン。写真集『にっぽん劇場写真帖』など前衛的作品を発表。海外でも大規模な展覧会を多数開催し、国際的評価が高い。
（10）荒木経惟（あらき・のぶよし）：一九四〇年東京都生まれ。カメラマン。六四年「さっちん」で第一回太陽賞を受賞。花、ヌード、東京の街、猫などさまざまな被写体を撮影する日本を代表する写真家。

第三章

（1）ジャン＝ポール・サルトル：一九〇五〜八〇年。フランス生まれ。哲学者、批評家、劇作家。現象学を研究し、『想像力』『自我の超越』『存在と無』などを発表。実存主義を広める。在野の知識人として幅広く活躍。

（2）浅田彰（あさだ・あきら）：一九五七年兵庫県生まれ。批評家、経済学者。京都大学経済研究所准教授などを経て京都造形芸術大学教授・同大学大学院学術研究センター所長。著書に『構造と力』『逃走論』など。

（3）中村文則（なかむら・ふみのり）：一九七七年愛知県生まれ。作家。二〇〇二年「銃」で新潮新人賞を受賞しデビュー。〇五年「土の中の子供」で芥川賞受賞。他の著書に『教団X』『R帝国』など。

（4）田中慎弥（たなか・しんや）：一九七二年山口県生まれ。作家。二〇〇五年「冷たい水の羊」で新潮新人賞受賞。一二年「共喰い」で芥川賞受賞。

（5）中上健次（なかがみ・けんじ）：一九四六〜九二年。和歌山県生まれ。作家、批評家、詩人。「岬」で芥川賞受賞。紀州熊野を舞台にした作品群を執筆。

（6）ヴァルター・ベンヤミン：一八九二～一九四〇年。ドイツ生まれ。二〇世紀ドイツを代表する思想家、批評家。ヒトラー政権樹立とともにパリに亡命。著書に『ドイツ悲劇の根源』『パサージュ論』など。

（7）福田恆存（ふくだ・つねあり）：一九一二～九四年。東京生まれ。評論家、劇作家、演出家。訳業に『シェイクスピア全集』（岸田演劇賞、読売文学賞）のほか、ワイルド、ロレンス作品等。著書に『人間・この劇的なるもの』など。

（8）アレクシス・ド・トクヴィル：一八〇五～五九年。フランス生まれ。政治社会思想家、政治家、歴史家。一八三一年のアメリカ旅行をもとに、『アメリカにおけるデモクラシー』を出版。

（9）ジョルジョ・アガンベン：一九四二年イタリア生まれ。哲学者。スイスのズヴィッツェラ・イタリアーナ大学メンドリジオ建築アカデミーで教えている。著書に《ホモ・サケル》シリーズ、『私たちはどこにいるのか？』など。

（10）ルートヴィヒ・アンドレアス・フォイエルバッハ：一八〇四～七二年。ドイツの哲学者。ヘーゲル哲学から出発した唯物論的な立場が、マルクスやエンゲルスらに影響を与えた。

（11）カール・マルクス：一八一八～八三年。プロイセン王国生まれ。哲学者、経済学者。科学的社会主義を打ち立てて、共産主義社会が到来する必然性を説き、二〇世紀以降の政治、思想に大きな影響を与えた。著書に『共産党宣言』（エンゲルスとの共著）、『資本論』など。

(12)デヴィッド・グレーバー：一九六一～二〇二〇年。アメリカ合衆国生まれ。文化人類学者、アクティヴィスト。著書に『ブルシット・ジョブ』など。

(13)ハンナ・アーレント：一九〇六～七五年。ドイツ生まれ。哲学者。ユダヤ人の家庭に生まれる。ナチ政権成立後パリ、ついでアメリカ合衆国に亡命。著書に『エルサレムのアイヒマン』『全体主義の起原』など。

(14)マイケル・サンデル：一九五三年アメリカ合衆国生まれ。哲学者。ハーヴァード大学教授。専門は政治哲学。コミュニタリアニズム（共同体主義）の代表的論者。ハーヴァード大学の学部科目「Justice（正義）」は人気講義として有名。著書『これからの「正義」の話をしよう』は、世界的なベストセラーに。

(15)ジャック・デリダ：一九三〇～二〇〇四年、アルジェリア生まれ。フランスの哲学者。西洋形而上学におけるロゴス中心主義の脱構築を提唱し、広汎な領域に多大な影響を与えた。著書に『エクリチュールと差異』など。

(16)ジョン・キーン：一九四七年オーストラリア生まれ。政治学者。シドニー大学及びベルリン科学センターの政治学教授。著書に『デモクラシーの生と死』など。

(17)専門家会議：正式名称は新型コロナウイルス感染症対策専門家会議。二〇二〇年二月新型コロナウイルス感染症対策本部の下に設置され、医学的な助言を行ったが、積極的な発信が「前のめり」と批判を受けたこともあり、同年七月に廃止。その後、新型コロナ対応の特別措置法に基づいて「新型コロナウイルス感染症対策分科会」が新たに設置され、専門会会議のメンバーの一部が参加した。

（18）ジェレミー・ベンサム：一七四八〜一八三二年。イギリス生まれ。哲学者、経済学者。功利主義の提唱者として有名。

（19）エリザベス・キューブラー・ロス：一九二六〜二〇〇四年。スイス生まれ。アメリカ合衆国の精神科医。『死ぬ瞬間』を出版して国際的に有名になる。

第四章

（1）斎藤幸平（さいとう・こうへい）：一九八七年東京都生まれ。哲学者。大阪市立大学准教授。専門は経済思想、社会思想。*Karl Marx's Ecosocialism: Capital, Nature, and the Unfinished Critique of Political Economy*（邦訳『大洪水の前に』）で、「ドイッチャー記念賞」を歴代最年少受賞。

（2）ＳＤＧｓ：Sustainable Development Goals。国連が定めた「持続可能な開発目標」。

（3）ペレストロイカ：一九八〇年代後半にソヴィエト連邦でゴルバチョフ書記長が推し進めた改革。九一年のクーデター発生まで進められた。

（4）マッキム・マリオット：アメリカの人類学者。一九五五年にシカゴ大学で博士号を取得。

（5）ドゥルーズ＝ガタリ：『アンチ・オイディプス』や『千のプラトー』等の共著を持つジル・ドゥルーズとフェリックス・ガタリ。ドゥルーズはフランスの哲学者。一九二五〜九五年。ガタリはフランスの精神分析家。一九三〇〜九二年。ポスト構造主義を代表する論客とされ、思想界に大きな影響を与えた。

(6)キャンセル・カルチャー：おもに著名人の過去の言動を告発し、SNSなどを通じ批判の声を広げることにより、その地位や職を奪おうとする社会運動。アメリカ合衆国を中心に広がった。

(7)ジョン・S・ムビティ：一九三一〜二〇一九年。ケニア生まれ。キリスト教哲学者。「現代アフリカ神学の父」とされている。

(8)荻生徂徠（おぎゅう・そらい）：一六六六〜一七二八年。武蔵国生まれ。江戸時代の儒学者、思想家。朱子学に批判的な立場から古文辞学を確立し、徂徠学と呼ばれる思想潮流を生み出した。著書に『政談』など。

(9)本居宣長（もとおり・のりなが）：一七三〇〜一八〇一年。伊勢国生まれ。江戸時代の国学者。「国学の四大人」の一人とされる。著書に『古事記伝』『玉勝間』など。

(10)井上達夫（いのうえ・たつお）：一九五四年大阪府生まれ。法哲学者。東京大学名誉教授。著書に『法という企て』（和辻哲郎文化賞）など。

(11)谷崎潤一郎（たにざき・じゅんいちろう）：一八八六〜一九六五年。東京生まれ。作家。著書に『痴人の愛』『卍（まんじ）』『春琴抄』『細雪』（毎日出版文化賞、朝日文化賞）、『鍵』『瘋癲老人日記』（毎日芸術賞大賞）など。

第五章

（1）アンリ・ベルクソン：一八五九～一九四一年。フランス生まれ。哲学者。著書に『時間と自由』『物質と記憶』など。

（2）ジャン・ボードリヤール：一九二九～二〇〇七年。フランス生まれ。哲学者。著書に『消費社会の神話と構造』『象徴交換と死』など。

（3）アサド政権：バッシャール・ハーフィズ・アル＝アサドは一九六五年生まれ。二〇〇〇年よりシリア大統領。バアス党シリア地域指導部書記長。「アラブの春」の最中の二〇一一年、市民の民主化要求運動を武力鎮圧。反政府勢力やアル・カーイダ系イスラム武装勢力との内戦を続け、ロシア・中国を後ろ盾として独裁体制を維持している。

（4）ユーロ・マイダン革命：二〇一四年に起きたウクライナの政変。親ロシア派のヤヌコヴィチ大統領が政権を追われ、同国がEU寄り路線にシフトする契機となった。「マイダン」はウクライナ語で「広場」の意。

（5）ジャスミン革命：二〇一〇年から一一年にかけてチュニジアで起こった反政府・民主化要求運動。ベン＝アリー大統領による長期独裁政権が崩壊。SNSを通じて広がった新たな運動形態が注目された。ジャスミンはチュニジアを象徴する花。

（6）ゼレンスキー大統領：ウォロディミル・オレクサンドロヴィチ・ゼレンスキーは、一九七八年生まれ。二〇一九年からウクライナ大統領。元俳優、コメディアン。
(7)リュドミラ・ウリツカヤ：一九四三年ロシア生まれ。小説家。著書『ソーネチカ』『クコツキイの症例』など日本語訳も多数出版されている。
(8)ボリス・アクーニン：一九五六年ジョージア生まれ。ロシアの小説家、日本文学研究者。本名はグリゴリ・チハルティシヴィリ。アクーニンは日本語の「悪人」と無政府主義者バクーニンの名をかけたペンネーム。著書に『堕ちた天使――アザゼル』など。
(9)スヴェトラーナ・アレクシエーヴィチ：一九四八年ウクライナ生まれ。ベラルーシの作家、ジャーナリスト。二〇一五年ノーベル文学賞受賞。著書に『戦争は女の顔をしていない』など。
(10)ジョルジュ・サンド：一八〇四〜七六年。フランスの作家、フェミニスト。ドラクロワ、ショパン、リスト、バルザックらの芸術家と交流し大きな影響を与えた。著書に『愛の妖精』など。
(11)ユルゲン・ハーバーマス：一九二九年ドイツ生まれ。フランクフルト学派の哲学者。公共性論の第一人者。著書に『公共性の構造転換』など。
(12)マリーヌ・ル・ペン：一九六八年フランス生まれ。極右政党の国民連合党首。同党創始者ジャン＝マリー・ル・ペンの娘。二〇一七年と二二年に行われた大統領選挙で決選投票に残ったが、ともにエマニュエル・マクロンに敗れた。

（13）Qアノン：ネットで国家機密情報を知る当局者と自称する「Q」が発信する陰謀論を安易に信じてしまう人々がQアノン。トランプ前大統領の支持勢力の一つ。

ラクレとは…la clef=フランス語で「鍵」の意味です。
情報が氾濫するいま、時代を読み解き指針を示す
「知識の鍵」を提供します。

中公新書ラクレ
769

理想《りそう》の国《くに》へ

歴史《れきし》の転換期《てんかんき》をめぐって

2022年7月10日発行

著者……大澤《おおさわ》真幸《まさち》　平野《ひらの》啓一郎《けいいちろう》

発行者……安部順一
発行所……中央公論新社
〒100-8152 東京都千代田区大手町1-7-1
電話……販売 03-5299-1730　編集 03-5299-1870
URL https://www.chuko.co.jp/

本文印刷……三晃印刷
カバー印刷……大熊整美堂
製本……小泉製本

Published by CHUOKORON-SHINSHA, INC.
Printed in Japan　ISBN978-4-12-150769-3　C1236

中公新書ラクレ　好評既刊

L585 孤独のすすめ
――人生後半の生き方
五木寛之 著

「人生後半」を生きる知恵とは、パワフルな生活をめざすのではなく、減速して生きること。「前向きに」の呪縛を捨て、無理な加速をするのではなく、精神活動は高めながらもスピードを制御する。「人生のシフトダウン＝減速」こそが、本来の老後なのです。そして、老いとともに訪れる「孤独」を恐れず、自分だけの貴重な時間をたのしむ知恵を持てるならば、「人生後半」はより豊かに、成熟した日々となります。話題のベストセラー!!

L598 世代の痛み
――団塊ジュニアから団塊への質問状
上野千鶴子＋雨宮処凛 著

親子が共倒れしないために――。高度経済成長とともに年を重ねた「団塊世代」。就職氷河期のため安定した雇用に恵まれなかった「団塊ジュニア」。二つの世代間の親子関係に今、想定外の未婚・長寿・介護などの家族リスクが襲いかかっている。両世代を代表する論客の二人が、私たちを取り巻く社会・経済的な現実や、見過ごされてきた「痛み」とその対策について論じ合った。この時代を心豊かに生き抜くためのヒントが満載。

L616 読む力
――現代の羅針盤となる150冊
松岡正剛＋佐藤　優 著

「実は、高校は文芸部でした」という佐藤氏の打ち明け話にはじまり、二人を本の世界に誘ったセンセイたちのことを語りあいつつ、日本の論壇空間をメッタ斬り。既存の価値観がすべて潰えた混沌の時代に、助けになるのは「読む力」だと指摘する。サルトル、デリダ、南原繁、矢内原忠雄、石原莞爾、山本七平、島耕作まで?! 混迷深まるこんな時代だからこそ、読むべきこの130年間の150冊を提示する。これが、現代を生き抜くための羅針盤だ。

L624

日本の美徳

瀬戸内寂聴＋ドナルド・キーン 著

ニューヨークの古書店で『源氏物語』に魅了されて以来、日本の文化を追究しているキーンさん。法話や執筆によって日本を鼓舞しつづけている瀬戸内さん。日本の美や文学に造詣の深い二人が、今こそ「日本の心」について熱く語り合う。文豪たちとの貴重な思い出、戦争や震災後の日本への思い、そして、時代の中で変わっていく言葉、変わらない心……。ともに96歳、いつまでも夢と希望を忘れない偉人たちからのメッセージがつまった対談集。

L699

たちどまって考える

ヤマザキマリ 著

パンデミックを前にあらゆるものが停滞し、動きを止めた世界。17歳でイタリアに渡り、キューバ、ブラジル、アメリカと、世界を渡り歩いてきた著者も強制停止となり、その結果「今たちどまることが、実は私たちには必要だったのかもしれない」という想いにたどり着いたという。混とんとする毎日のなか、それでも力強く生きていくために必要なものとは？　自分の頭で考え、自分の足でボーダーを超えて。あなただけの人生を進め！

L708

コロナ後の教育へ

――オックスフォードからの提唱

苅谷剛彦 著

教育改革を前提から問い直してきた論客が、コロナ後の教育像を緊急提言。オックスフォード大学で十年余り教鞭を執った今だからこそ、伝えられること――そもそも二〇二〇年度は新指導要領、GIGAスクール構想、新大学共通テストなど一大転機だった。そこにコロナ禍が直撃し、オンライン化が加速。だが、文科省や経産省の構想は、格差や「知」の面から諸問題をはらむという。以前にも増して地に足を着けた論議が必要な時代に、処方箋を示す。

L709

ゲンロン戦記

――「知の観客」をつくる

東　浩紀 著

「数」の論理と資本主義が支配するこの残酷な世界で、人間が自由であることは可能なのか？「観客」「誤配」という言葉で武装し、大資本の罠、敵／味方の分断にあらがう、東浩紀の「生き延び」の思想。哲学とサブカルを縦横に論じた時代の寵児は、２０１０年、新たな知的空間の構築を目指して「ゲンロン」を立ち上げ、戦端を開く。いっけん華々しい戦績の裏にあったのは、予期せぬ失敗の連続だった。ゲンロン10年をつづるスリル満点の物語。

L715
自由の限界
——世界の知性21人が問う国家と民主主義
鶴原徹也 編

エマニュエル・トッド、ジャック・アタリ、マルクス・ガブリエル、マハティール・モハマド、ユヴァル・ノア・ハラリ……。彼らは世界の激動をどう見るか。二〇一五年のシャルリー・エブド事件から「イスラム国」とアメリカ、イギリスのEU離脱、トランプ米大統領と米中対立、そして二〇二〇年のコロナ禍まで、具体的な出来事を軸とした三八本のインタビューを集成。人類はどこへ向かおうとしているのか。世界の「今」と「未来」が見えてくる。

L718
老いる意味
——うつ、勇気、夢
森村誠一 著

老いれば病気もするし苦悩もする。老人性うつ病を克服した著者の壮絶な体験を告白。だが、身体が老いても病を経験しても心は老いてしまうわけでない。老いを恐れず残された日々を自然体でいること。良いことも悪いこともすべて過去の出来事として水に流す。老いの時間を「続編」や「エピローグ」のつもりでなく「新章」にすればいい。夢は広がり、いくつになっても新しいことが始められる。米寿を迎えた作家・森村誠一渾身の「老い論」の決定版。

L737
分断のニッポン史
——ありえたかもしれない敗戦後論
赤上裕幸 著

災害、感染症、格差……いま各所で「分断」が叫ばれる。だが歴史を遡ると、敗戦直後には国が分割される恐れが実際にあり、分断統治や架空戦記を描いた小説・マンガが人気を博してきた。欧米ではこうした「歴史のif＝反実仮想」の歴史学は重要な研究として認知されてきたが、本書は国内の研究では数少ない試みである。さらに震災等による列島分断を描いた未来小説も検証。最悪のシナリオを描いた作品群から、危機克服のヒントを学ぶ。

L753
エリートと教養
——ポストコロナの日本考
村上陽一郎 著

政治家は「言葉の力」で人々の共感を醸成できるのか？ 専門家は学知を社会にどのように届けるべきか？——不信感と反感が渦巻く今こそ、エリートの真価が試されている。そこで改めて教養とは何か、エリートの条件とは何か、根本から本質を問うた。政治、日本語、音楽、生命……文理の枠に収まらない多角的な切り口から、リベラル・アーツとは異なる「教養」の本質をあぶりだす。『ペスト大流行』の著者、科学史・文明史の碩学からのメッセージ。